Rafael Schwarz

Darf man Juden Ezzes geben?*

Rafael Schwarz

Darf man Juden Ezzes geben?*

*Was Sie schon immer über das Judentum wissen wollten, sich aber nicht zu fragen trauten

METROVERLAG

Für meine lieben Eltern

Inhalt

Bitte geben Sie dieses Buch keinem Rabbiner zu lesen!

Es ist wahrlich nicht einfach, ein Buch über das Judentum zu schreiben! Und dieses Buch ist weder vollständig noch erhebt es den Anspruch, dass darin alles richtig ist. Mit »richtig« und »falsch« ist das ja immer so eine Sache. Sagen wir es so: Für die einen wird es richtig sein, für die anderen nicht. Und es ist hinlänglich bekannt: zwei Juden, drei Meinungen. Es gibt zwar nicht sehr viele Juden, aber sehr viele verschiedene Juden.

Warum dieses Buch?

Als Jude, der in Österreich lebt, begegne ich oft, wenn doch zu selten, Menschen, die sich für das Judentum interessieren. Die Fragen dazu haben und diese auch stellen. Warum ich das hier eigens hervorhebe? Fragen zu haben, ist nämlich eine Sache, diese auch zu stellen, eine ganz andere. Fragen zum Judentum haben sicher sehr viele Menschen, nur trauen sie sich nicht, diese auch auszusprechen. Die Angst, in ein Fettnäpfchen zu treten und etwas »Unpassendes« zu sagen, ist leider (noch immer) viel zu groß. Viele stottern schon herum, wenn sie nur das Wort »Jude« aussprechen sollen und suchen verzweifelt nach irgendwelchen Umschreibungen oder lassen es eben ganz bleiben. Warum das so ist, dafür gibt es mehrere Gründe, doch sollen sie nicht Thema dieses Buches sein.

Hier soll es um Klischees und Hemmschwellen in Zusammenhang mit dem Judentum gehen. Nach wie vor gibt es sehr viele Vorurteile uns Juden gegenüber. Man hört dies und das. Juden sind so und auch so.

»Die Juden« haben dieses und jenes gemeinsam. Und so weiter. Kurz: Oft finde ich mich in Situationen wieder, die mir zeigen, wie wenig Ahnung Nichtjuden vom Judentum haben und wie viel Befangenheit es gibt und wie viel Scheu davor besteht, diesen Umstand zu ändern.

Die Menschen aber, die Fragen haben und sich auch trauen, sie zu stellen, würden am liebsten jemanden »erwischen«, der gleich ALLE Fragen zum Judentum beantworten kann. Am besten wäre es in so einem Fall, ich wäre Historiker, Nahostexperte und Rabbiner in einer Person. Und gleichzeitig streng-orthodox, liberal und säkular. Vielleicht, um auch die Vergleichende Religionswissenschaft abzudecken, auch ein bisschen Christ und ein wenig Moslem. Also »all inclusive«. Tut mir leid – das kann ich nicht bieten. Muss ich auch nicht. Ich bin schließlich auch nur ein normaler Österreicher.

Es ist mir aber stets ein Anliegen, Antworten zu geben. Daher auch die Idee zu diesem Buch. Was dieses Buch aber nicht kann, ist alle Fragen beantworten. Diesen Anspruch muss es auch nicht erfüllen. Auch eine globale Sicht auf das Judentum kann ich nicht bieten. Denn die gibt es nicht. Meine ist die eines modern-orthodoxen Juden. Manchmal mehr modern, manchmal ein bisschen mehr orthodox.

Eine ganz kurze Kurzbiografie des Judentums vorab

Die jüdische Religion geht zurück auf den Urvater Abraham. Moses gilt als der wichtigste Prophet, denn ihm hat sich Gott auf dem Berg Sinai offenbart und ihn hat das Volk Israel auserwählt, seine Lehren in die Welt zu tragen und diese auf den Messias vorzubereiten. Heilige Schriften der Juden sind die Tora (die fünf Bücher Moses: Pentateuch) sowie der Talmud, der aus Mischna (die Moses am Berg Sinai mündlich offenbarten Teile der Tora) und Gemara (Kommentare zur Mischna) besteht. Von Freitagabend bis Samstagabend wird der Schabbat begangen. Heiligste Stätte ist die Westmauer der herodianischen Umfassung des Tempelbezirks in Jerusalem (Klagemauer), die den Juden seit 1967 wieder zugänglich ist. Wichtige Daten im Leben eines Juden sind die Beschneidung (bei Buben), Brit Milah am achten Tag nach der Geburt und das

Erreichen der Religionsmündigkeit – bei Jungen mit 13 (Bar Mizwa), bei Mädchen mit 12 (Bat Mizwa). Von diesem Zeitpunkt an müssen sie die 613 göttlichen Gebote (Mizwot) einhalten.

Das ist also das Judentum in aller Kürze. Details folgen.

Kommt jeder Jude aus Israel?

Es begann schon in der Schulzeit: Obwohl ich eine jüdische Schule besuchte – der Unterricht wurde wie in jeder anderen staatlichen Schule nach dem vollen österreichischen Lehrplan auf Deutsch gehalten, die Lehrer waren keine Juden, außer der Hebräisch-Lehrer, jener für Jüdische Geschichte und die Religionslehrerin –, erfuhr ich in jener Zeit das erste Mal, was es heißt, als Jude in einer nichtjüdischen Umgebung zu leben.

So richtig bewusst wurde mir das erstmals nach einem Erlebnis mit unserer »Nachbarin« in der Schrebergartensiedlung. Sie steht hier unter Anführungszeichen, weil sie zirka dreißig – als Kind gefühlte hundert – Gartenhäuser weiter ihren Hauptwohnsitz hatte. Jene Nachbarin also regte sich immer über die Kinder in der Siedlung auf. In den 1980er-Jahren war die Einstellung Kindern gegenüber eine andere als heute, der

Hund hatte im Park und in der Straßenbahn mehr Rechte als jedes kleine Menschenwesen. Ich glaube, Hunde durften damals sogar gratis in den öffentlichen Verkehrsmitteln mitfahren. Kinder nicht. Überall mussten wir leise sein, nie durften wir uns etwas zurufen, geschweige denn laut singen oder gar auf der Straße laufen. Hat sich das geändert? Ich weiß es nicht. Vielleicht sind heute »die Bösen« in der Straßenbahn nicht mehr nur die Kinder, sondern ganze Bevölkerungsgruppen. Aber das ist eine andere Geschichte.

Erst vor ein paar Tagen gehe ich durch die Stadt, eine ältere Damen versucht, ihren Hund ins Auto zu verfrachten (dieser Hund fährt sicher nie öffentlich), und eine jüngere Dame kommt mit ihrer blonden, vielleicht zehnjährigen Tochter aus einem Hauseingang heraus. Das Kind sieht die ältere Dame auf der anderen Straßenseite und ruft: »Oma!« Meine Mutter würde sich wahnsinnig freuen und ihrem Enkelkind entgegenlaufen, meine Schwägerin würde sich nichts dabei denken und ihr Kind laut rufen lassen. (Allerdings muss ich zugegeben, dass meine Schwägerin in Tel Aviv aufgewachsen ist. Dort herrschen natürlich andere Verhältnisse. Tel Aviv hat übrigens pro Quadratmeter mehr Kinderspielplätze als jede andere Stadt der Welt – und sicher mehr als Wien!) Was aber macht diese junge Mutter? Sie ermahnt das Kind streng: »Pssst, nicht so laut!« Hallo?!?! Es war 11:30 Uhr am Vormittag, Weihnachtsverkehr, zufällig kein Mensch außer mir im nahen Umkreis und sie sagt »Psssst!«? Warum bitte? Wer soll gestört werden?

Uns jüdischen Kindern wurde einmal nachgerufen, als wir uns von einer Straßenseite zur anderen miteinander unterhielten: »Hier geht's ja zu wie in der Judenschule!« Wir waren damals total verwirrt, weil wir nicht verstanden, woher der Passant wusste, dass wir Juden waren! Wir trugen doch kein äußeres Merkmal. Der Judenstern war schon längst abgeschafft worden, und unsere Nasen waren nur relativ krumm. Aber der Passant wusste es gar nicht, wie wir später erfahren mussten. Das sagte man eben so. Aha.

Wie auch immer. Zurück in den Schrebergarten. Also die ältere Nachbarin erwischte uns eines Tages, als wir mit den Fahrrädern durch die Gassen der Siedlung fuhren, ok: rasten. Die Finger am Gartenzaun gekrallt, brüllte sie uns nach: »Geht doch endlich zurück nach Israel!« Pause. Nach Israel? Zurück? Warum zurück? Wir kommen doch gar nicht aus Israel! Aufgeweckt wie wir waren, fragten wir gleich unsere Eltern, warum wir »zurück« nach Israel sollten, woher die Nachbarin wusste, dass wir den ersten Teil dieses schönen Sommers Urlaub am Mittelmeer in Israel gemacht hatten und warum, und weshalb und überhaupt? Die Mutter stand sofort wutentbrannt auf und brüllte: »Diese Raschante!« Was so viel wie Antisemitin bedeutet. Auf Jiddisch (dazu später mehr). Es stammt vom hebräischen Wort Rascha ab und kann mit »die Böse« übersetzt werden.

Meine wahnsinnig aufgeregte Mutter machte sich also auf den Weg zur Nachbarin. Diese scheint das »Unglück« bereits vorgeahnt zu haben und versteckte sich im Gartenhäuschen. Meine Mutter jedoch stellte sich an den Zaun und brüllte einige Minuten Richtung verschlossene Haustür: »Kommen Sie doch raus!«, »Trauen Sie sich!«, »Sie altes Naziweib!« und so weiter.

War das Verhalten der Nachbarin Unwissenheit oder Antisemitismus? Unwissenheit kann es doch nicht gewesen sein. Oder vielleicht doch? Also ich würde sagen: ein bisschen Antisemitismus, gepaart mit einem Hauch Unwissenheit. Denn warum sollten wir – die in Österreich geboren waren, und das nicht einmal in der ersten Generation! –, warum sollten also wir irgendwohin zurück, woher wir gar nicht gekommen waren? Wir sind doch Österreicher!

Viel später musste ich erkennen, dass das wirklich nicht so einfach zu verstehen ist. Nicht einmal für Nicht-Raschantes (was jetzt so was wie der Plural ist), also auch für Nicht-Antisemiten.

Viele Jahre später auf der Universität sprach mich und meine Studienkollegin nach einer Vorlesung ein Sitznachbar an: »Ihr seid doch jüdisch, stimmt's?« Natürlich stimmt das, entgegneten wir. Ich kann leider nicht nachvollziehen, warum er das wusste. Ich erinnere mich nicht daran, dass ich damals auf der Uni meine Kippa angehabt hätte oder ob es etwas mit dem Inhalt eines Referates zu tun gehabt haben könnte (jüdische Studenten aus meiner Generation wählten mit Vorliebe jüdische Themen für Referate – einerseits vermutlich eine Art der Selbstbewusstseinsdarstellung, andererseits aber wohl auch als Garantie für eine gute Note). Der Kollege jedenfalls war sehr an uns

interessiert und meinte weiter: »Und ihr kommt aus
Israel!« Es war tatsächlich keine Frage, nein, eher eine
Feststellung. Kurz musste ich an die Nachbarin aus der
Schrebergartensiedlung denken. »Nein, wie kommst
du darauf?«, entgegnete ich. Er meinte daraufhin:
»Aha, aber eure Eltern sind doch sicher aus Israel, rich-
tig?« Waaas? Habe ich da wieder etwas falsch verstanden? Nein, denn spätestens damals wurde mir klar: Sie
wissen es tatsächlich nicht! Sie haben es nie gelernt!
Sie wissen über uns Juden gar nichts! Sie glauben
sogar, dass das Judentum eine Staatsangehörigkeit ist.
Also, um das ein für alle Mal aufzuklären: Nicht jeder
Jude ist Israeli! Es ist richtig, dass die meisten Israelis
(nicht alle – ich habe »die meisten« geschrieben!) Juden
sind. Aber das war's auch schon. Judentum ist keine
Staatsangehörigkeit, sondern eine Religion. Aber auch
das ist kompliziert, zumal das nicht immer und nicht
für jedermann richtig ist. Da gibt es nämlich noch den
Begriff des »jüdischen Volkes«. Und wer es mir nicht
glaubt, hier der Eintrag dazu aus Wikipedia: »Unter
dem ›jüdischen‹ Volk werden sowohl das historische
Volk der Israeliten als auch dem jüdischen Selbstver-
ständnis gemäß alle Juden verstanden, die nach der
Tora von den Erzvätern Abraham, Isaak und Jakob
abstammen. Deren Verheißungsgeschichte hat nach
dem ersten Buch Mose alle Völker segnenden, sie ein-
beziehenden Charakter: Wer von einer jüdischen Mutter geboren ist, gilt im Talmud daher ebenso als Jude
wie der, der zu diesem Glauben übergetreten ist, unab-
hängig von seiner Herkunft. Der Begriff des jüdischen

Volkes im zweiten Sinne bezeichnet nicht ein ethnisch einheitliches Nationalvolk mit geschlossenem Siedlungsraum, einer gemeinsamen Geschichte, Sprache und Kultur, sondern eines, das zur jüdischen Diaspora zerfiel.«

Doch wenn man es genau nimmt, dann muss ein Volk im ethnischen Sinn nicht einmal einen eigenen Staat haben. Nun gibt es den Staat Israel, und wir sind alle sehr glücklich darüber, dennoch müssen nicht alle Juden auf dieser Welt Bürger dieses Staates sein – und sie sind es auch nicht. Die meisten Juden sind Bürger des Landes, in dem sie wohnen. So wie auch ein Katholik nicht automatisch Bürger Italiens ist oder jeder Moslem in der Näher von Mekka wohnt: Ein Jude kann ebenso wie ein Christ Österreicher oder Deutscher sein. Punkt. Daran lässt sich nicht rütteln. Auch, wenn es einige einfach nicht so sehen wollen.

Aber ich kann es auch noch komplizierter machen, denn: Nicht jeder Jude definiert sein Judentum als Religion! Manche identifizieren sich mit der jüdischen Kultur, andere fühlen sich als Teil des jüdischen Volkes, und auch für jene, die ihr Judentum als Religion wahrnehmen, bedeutet das nicht automatisch das strenge Einhalten aller jüdischen Feiertage und der damit verbundenen Regeln und Pflichten. Aber, dass Jude nicht gleich Jude ist, wird später noch genauer erklärt (siehe Seite 23). Zu Beginn wollen wir uns mal mit den einfacheren Fragen beschäftigen:

Darf man überhaupt »Jude« sagen?

»Wenn man im Restaurant jemanden laut als Juden bezeichnet, holen die einen die Polizei und die anderen schmunzeln oder applaudieren, im Sinne von ›richtig, gebt ihm‹ und neunzig Prozent schauen betreten auf ihr Essen«, schreibt Salomon Korn in einem Essay in DIE ZEIT (24/2003). Leider wissen viele nicht, wie sie mit uns Juden umgehen sollen. Ich verrate es Ihnen gerne: ganz normal. Und ja, Sie dürfen auch »Jude« sagen. Und nein, das ist kein Schimpfwort (mehr). Leider tun sich aber viele sehr schwer damit. Obwohl es doch so einfach wäre. Aber gut, ich gebe es zu, sogar wir haben uns nicht immer leicht damit getan. Nach der Shoah war das Selbstbewusstsein der Juden sprichwörtlich im Keller. Ja, wir haben uns selber nicht getraut, »Juden zu sein«. Zumindest nicht öffentlich. Und es hat auch seine Zeit gebraucht, bis sich das langsam geändert hat. Als Kinder durften wir im Schiurlaub in den Bergen Österreichs im Hotelspeisesaal nie laut »über uns« sprechen (laut sprechen durften wir sowieso nie – siehe weiter vorne). Und wenn dann doch über Israel oder das Judentum debattiert wurde – Achtung, Klischee: Wir Juden diskutieren leidenschaftlich gerne! –, wurde entweder bis aufs Unverständliche leise gesprochen oder das berühmte Codewort »Schelanu« eingefügt. Schelanu ist hebräisch und bedeutet nichts anderes als »von uns«. »Sind das auch Schelanus?« oder »Die Schelanus haben gemeint …« waren gängige Sätze. Manchen hat sich diese Wortwahl ihrer Eltern so sehr eingeprägt, dass sie diesen Begriff heute noch benutzen. Das Wort »Israel« wurde je nach politischer Verfassung manchmal leiser, manchmal ganz leise, manchmal gar nicht ausgesprochen.

Ja, stimmt schon, wenn wir selbst schon solche Schwierigkeiten hatten, uns als Juden zu bezeichnen, wie sollten wir dann von Nichtjuden einen unbefangenen Umgang mit uns erwarten?

Aus gutem Grund, denn manche Menschen hatten und haben ihre ganz eigenen Vorstellungen davon, was es mit dem Judentum auf sich hat, was es heißt, Jude zu sein. Darüber kann ich Ihnen die merkwürdigsten Geschichten erzählen. Als Teenager etwa besuchte ich einmal mit meiner Jugendgruppe irgendwo in Österreich ein Sommercamp. Eines Tages stand plötzlich eine Lehrerin mit ihrer Schülergruppe auf der Wiese vor unserer Jugendherberge und zeigte auf uns fußballspielende Kinder: »Das sind Juden! So sehen

Juden aus!« Ein anderes Mal – auch so eine Situation im Sommercamp – hörten wir, wie eine Reiseleiterin ihrer Touristengruppe (woher die kamen, weiß ich bis heute nicht) einen Juden beschrieben hat. Und tatsächlich sagte sie: »Juden haben Hörner am Kopf.« Wir waren als zufällig vorbeikommende Kleingruppe sehr überrascht. Und zogen weiter. Vielleicht wusste sie ja etwas, das wir nicht wussten.

Heute haben wir zumindest unsere Unsicherheit abgelegt. Die Zeiten des Flüsterns und der Codenamen sind vorbei. Wir haben unsere jüdische Gemeinde aktiv gemacht, wir sind nach »draußen« gegangen, haben uns gezeigt, waren Juden – und sind es noch.

Also man darf und soll Jude sagen. Jud wäre vielleicht eine Abkürzung, hat aber einen negativen Beigeschmack, also bleiben wir besser bei Jude. Ganz einfach Jude. Es ist nichts dabei und erspart so manche eigenartige Situation:

Ich sitze mit meiner Mutter im Theater auf unseren Abonnement-Plätzen. Seit Jahrzehnten haben wir schon dieselben guten Plätze. Und ebenso lange dieselben Sitznachbarn. Wie so üblich und höflich grüßen wir uns immer, verabschieden uns freundlich, und mehr wird auch nicht gesprochen. Eines Abends – die Vorstellung hat noch nicht begonnen – entsteht jedoch erstmals so etwas wie eine Konversation zwischen meiner Mutter und unserer Abo-Nachbarin. Nach so vielen Jahren! Endlich aufgetaut! Sie will meiner Mutter erzählen, dass wir gemeinsame Bekannte haben: »Wissen Sie, Sie sind doch auch … also eben … nun ja … Sie wissen schon …« Mir liegt es schon auf der Zunge: »Juden, wir sind Juden. Meinen Sie das?« Sie aber weiter, der Kieferverrenkung nahe: »… nun eben … Sie sind doch auch mosaischen Glaubens, nicht wahr?« Oh mein Gott! Das war aber schwer. Ja, sind wir. Und sie wollte doch nur erzählen, dass sie auch einen Juden kennt, der uns natürlich auch kennen muss. (Weil ja jeder Jude jeden Juden kennen muss. Auch so ein absurdes Gerücht). Wie auch immer. Man spürt die Erleichterung, es wird dunkel, der Vorhang geht auf.

Also bitte: Sagen Sie ruhig Jude zu Juden. Sagen, nicht schimpfen!

Sind alle Juden gleich?

Nein, Jude ist ganz sicher nicht gleich Jude. Auch bei uns gibt es verschiedenste Strömungen und Richtungen. Für die meisten Menschen hat das Judentum allerdings nur zwei Gesichter: Zum einen die Juden ohne Bart, Kaftan oder Kippa, die so säkular sind wie alle anderen Menschen. Und auf der anderen Seite die »echten Juden«: dunkel gekleidet, mit Hute und Schläfenlocken – also als Juden auf der Straße erkennbar. Viele glauben, dass diese Juden das uralte Judentum verkörpern. Das ist aber nicht richtig. Die Juden im Kaftan mit Pelzhut sind ein Ergebnis der modernen Entwicklung des Judentums, die es erst seit knapp über 200 Jahren gibt.

Das Judentum hat sich im Laufe der Geschichte sehr gewandelt. Verallgemeinert könnte man sagen, es hat sich bis zur Französischen Revolution innerhalb des Religionsgesetzes entwickelt; also innerhalb der Grenzen, die die Rabbiner im Talmud festgehalten haben. Als dann das Zeitalter der Emanzipation angebrochen ist, erhielten auch Juden – spät aber doch – mehr oder weniger volle bürgerliche Rechte. Sie durften die Ghettos verlassen. Parallel dazu, oder auch aus diesem Grund, entstand das liberale Judentum. Sozusagen als Gegenbewegung zum traditionellen, orthodoxen Judentum. Für die Orthodoxie waren die Tora, die fünf Bücher Moses, und der Talmud, das von Gott über Moses ans Volk weitergegebene Wort beziehungsweise Gesetz, maßgeblich. Auf diese Weise offenbarte sich Gott vor seinem auserwählten Volk. Demnach sind diese fünf Bücher und der Talmud, der diese genauer erklärt, göttlich, das heißt unveränderbar. Und somit sind auch alle Gesetze der Offenbarung göttlich und vom Menschen nicht aufzuheben, ob er sie nun begreift oder nicht. So also die orthodoxe Sicht.

Das liberale Judentum propagierte hingegen neue Thesen. Die wichtigste davon: Die Tora wurde von Menschen geschrieben und ist somit nicht sakrosankt. Ihre Autoren waren fromme Männer, denen sich Gott in irgendeiner Weise offenbart hat, doch ist die Tora per se menschlichen Ursprungs und versucht lediglich, die Gottheit und deren Botschaft zu vermitteln. Für aufgeklärte Menschen des 19. Jahrhunderts muss das »neue«, liberale Judentum eine gute und vor allem plausible Geschichte gewesen sein! Und sie stellte ein sehr verlockendes Angebot dar: Auf diese Weise konnte man alles ein bisschen lockerer sehen. Das betraf natürlich auch die Konversion, die seit damals viel liberaler gehandhabt wird. Es muss an dieser Stelle aber auch gleich erwähnt werden: Judentum ist keine Mathematik, es gibt keine Halb-, Viertel- und Achteljuden! Das sind Erfindungen der Nürnberger Rassengesetze. Das Judentum kennt nur »ganze« Juden. Und wenn sich ein Jude trotzdem als Halbjude bezeichnet, dann schicken Sie ihn entweder zum Rabbi oder geben Sie ihm dieses oder ein anderes Buch. Und wenn er das nicht akzeptieren will, ja, dann hat er wohl ein großes Problem. Aber eigentlich auch kein größeres, als er schon vorher hatte. Und weiters gilt: einmal Jude, immer Jude. Übertritt, Austritt, Fehltritt – es hilft alles nichts: Man ist und bleibt ein Jude. Das sehen wir so und das sieht das Religionsgesetz so. Wer Jude ist, ist gar nicht so kompliziert: Haben Sie ein jüdische Mutter oder sind Sie zum Judentum übergetreten, dann sind Sie eine Jüdin oder ein Jude.

Nun aber zu den ganzen Strömungen, die es im Judentum gibt. Sie werden es erraten: Es ist nicht ganz einfach. Je mehr Personen ich gefragt habe, wie ich die verschiedenen Richtungen in meinem Buch eingrenzen soll, um sie kurz und verständlich darzustellen, desto mehr Antworten habe ich erhalten. Wie bereits erwähnt: zwei Juden, drei Meinungen. Somit habe ich entschieden, die Erklärung eines befreundeten Historikers und Judaisten aufzunehmen:

Gehen wir zuerst zurück zum »Orthodoxen Judentum«. Vielleicht denken Sie jetzt: Ja, die kenn ich! Weil die *er*kenne ich! Schwarz gekleidet, großer Hut, langer Bart. Nun muss ich aber gleich korrigieren: So leicht ist es auch nicht. Es gibt selbst in der Orthodoxie die

unterschiedlichsten »Labels«. Mein Freund der Historiker meinte, dies am besten anhand soziologischer
Modelle von Main- und Subgroups erklären zu können, die davon ausgehen, dass soziologische Übergänge von Gruppenidentitäten anhand verschiedener
Details in Kleidung und Geisteshaltung zum Ausdruck
gebracht werden. Aber diese Übergänge sind natürlich
fließend und nicht scharf abgegrenzt (siehe dazu auch
das Kapitel über die Kippa auf Seite 77)!

Zurück zur Entwicklung des Judentums im 17. Jahrhundert: Ein Viertel der polnischen Judenheit wurde
durch die Kosaken getötet. Viele jüdische Gemeinden
glaubten damals an das Ende der Zeit – mit großer
Erwartung an die Ankunft des Messias. Ein merkwür-
diger esoterischer Spiritismus breitete sich aus. Und so
kam es, dass Figuren wie ein Schabbatai Zwi sich als
dieser Messias ausgaben und es durch gutes Marke-
ting schafften, die meisten Gemeinden auch davon zu
überzeugen. Ein großer Aufruhr durch die jüdische
Welt folgte. Ganze Familien und Gemeinden schlossen
sich Zwi an. Viele Menschen verkauften ihren Besitz.
Es kam aber anders, als sie sich erhofft hatten: Schabbatai Zwi wurde im osmanischen Konstantinopel ver-
haftet und vor Gericht gestellt. Er sollte sich zwischen
Tod und Konvertierung zum Islam entscheiden. Der
»Messias« wurde also Moslem und blieb dies bis zu
seinem Tod 1676.

Für die meisten Juden war Schabbatai Zwis Übertritt ein Schock: Sie hatten alles für die Erlösung aufgegeben. Und jetzt standen die jüdischen Gemeinden

in Osteuropa auch spirituell vor dem Nichts. Das traditionelle Judentum, die talmudische Gelehrtheit hatten versagt. Sie konnten den Menschen nichts mehr bieten. Wenn das Judentum nach dieser Katastrophe überleben wollte, musste es sich radikal erneuern.

Während man unter Zwi begonnen hatte, sich mit der esoterischen Lehre des Judentums, der Kabbala, zu beschäftigen, magische und spirituelle Riten anzuwenden, konzentrierte sich das klassische Judentum noch immer strikt auf das rationale Studium und die Erfüllung der Religionsgesetze. So entstand im frühen 18. Jahrhundert der Chassidismus als Massenbewegung der »kleinen« Leute, die wieder Hoffnung und spirituelle Erlebnisse ermöglichte. Der Baal Schem Tow trat in die Geschichte der Juden ein, mit dem Ziel, ihnen einen »neuen« Glauben an Gott zu geben, ihnen Hoffnungen zu machen. Auch er bediente sich der Kabbala und integrierte diese in den Alltag der Menschen, um sie als aktiv gelebte Mystik erfahrbar zu machen. Dafür bedurfte es jedoch eines Anführers. Die Person beziehungsweise der Beruf des »Zaddik« entwickelte sich. Dieser lebte als Leiter, Präsident oder Anführer – wie auch immer man es bezeichnen will – einer kleineren oder größeren Gemeinschaft. Und er war somit das, was es im Judentum eigentlich nicht gibt: eine Verbindung ad personam zu Gott.

Neben der Gelehrsamkeit steht die Bindung der Seele zu Gott im Mittelpunkt der Chassidim. Sie bezieht sich auf das komplette Leben. Nicht mehr nur auf das Studium der Schriften und das Gebet, sondern von der Minute an, in der der Mensch aufwacht, über alle, und wirklich alle, seine Tätigkeiten im Laufe des Tages, bis zum Schlafengehen. Von der Geburt bis zum Tod. Von der Familie über die Gesellschaft, bis zum Berufsleben. Zu Hause, auf der Straße und auf Reisen. Immer, überall und zur jeder Zeit. Man will ständig emporsteigen, um die Gebote noch besser, noch intensiver zu erfüllen. Für die eher einfachen und ungebildeten Juden war der Baal Schem Tow so etwas wie eine Erlösung von dem Leid. Das Gebet, mit Freude, Tanz und Gesang, sowie dessen exzessives Erleben (damals entstand das Schaukeln beim Gebet) sind wichtige Elemente chassidischen Lebens. Man dient Gott in Begeisterung und Ekstase.

Das chassidische Konzept steht im krassen Gegensatz zum rabbinischen – dem klassischen, traditionellen – Judentum. Hier heißt es, dass nicht nur Gelehrte Gott richtig dienen können, sondern jeder einfache Mensch. Der chassidische »Rebbe« – ein besonders Gelehrter (er ist mehr als »nur« ein Gemeinde-Rabbiner, obwohl die Aufgaben sehr ähnlich sind), also der »Anführer« einer chassidischen Gruppierung, hat seine Fangemeinde, und diese Anhänger verehren und lieben ihn. Alles, was der Rebbe tut und sagt, ist fast heilig. Man geht zum Rebbe, um Rat zu holen. Man geht zum Rebbe, um sich segnen zu lassen. Sogar ihn nur zu sehen oder gar zu berühren, wird zu einem Erlebnis für sich (mehr über den Rabbiner siehe S. 61). Diese Art der Verehrung einer irdischen Person kannte das Judentum bis dato nicht. Ganze Dynastien entwickelten sich. Meistens ist ein Kind des Rebbe sein Nachfolger. Dieses Erbrecht endet manchmal – ja sogar noch heutzutage – in Streit und Desaster.

Übrigens: Die Kleidung (jeder Rebbe hat auch sein eigenes Outfit, und heute kann man manchmal an der Form der Pelzmütze die Dynastie erkennen), die die Juden zu tragen begannen, hatte ursprünglich nichts Jüdisches an sich, sondern entsprach vielmehr der Gepflogenheit Osteuropas in jener Zeit.

Heute sind die Chassidim wahrscheinlich jener Gruppe zuzuordnen, die auf der Straße am leichtesten als Juden identifiziert werden können. Sie sind streng orthodox, halten also das jüdische Gesetz vollkommen ein, leben in größeren Städten meist in derselben Umgebung (dort wo sich der koschere Nahversorger und die jüdische Schule sowie die meisten Synagogen und rituellen Tauchbäder befinden) und stellen – vor allem aus ihrer Sicht – den perfekten religiösen Juden dar. Die verheirateten Damen bedecken ihr Haar, die Männer vermeiden es tunlichst, einer anderen Dame (außer der eigenen Ehefrau) die Hand zu schütteln. Aber das soll nur ein kleiner Einblick sein, natürlich können die Chassidim nicht auf diese Beschreibungen reduziert werden.

Eine weitere orthodoxe Richtungen ist die Modern-Orthodoxie, Modern Orthodox Liberal, Modern Orthodox Machmir, Lubavitch, Conservadox, etc. etc. Ja sogar die Bezeichnung »Flexodox« wird ironischerweise immer populärer. Was das bedeuten soll? Ganz einfach: manchmal so, ein anderes Mal so. Zu Hause

Schabbat-treu, im Urlaub schon weniger. Einfach flexibel (und sicher nicht ganz koscher!).

Ich selbst würde mich als einen modern-orthodoxen Menschen bezeichnen, wobei einige modern-orthodoxe Juden mich vielleicht weniger orthodox als modern sehen würden. Das ist aber ihre Sache. Ich versuche, die Gesetze einzuhalten, bemühe mich, ein braver Jude zu sein, der Wert auf Schabbat und koscheres Essen legt. Ich besuche regelmäßig die Synagoge, engagiere mich für die jüdische Gemeinde, trage – nicht immer und überall – meine Kippa ganz stolz, lebe und arbeite ein ganz »normales« (was ist schon normal?) Leben.

Weitere Gruppen sind das Konservative Judentum und auch das Reformjudentum. Bei den Konservativen ist es heute durchaus üblich, drei (!) Geschirrgruppen in der Küche zu haben: eines für »milchiges«, eines für »fleischiges« und eines für nicht-koscheres Essen.

Die Rekonstruktionalisten – eine amerikanische Bewegung aus den 1920/1930er-Jahren – wurden nach den Ideen von Mordechai Kaplan gegründet. Sie haben zum Beispiel die Bat Mizwa (also die Bar Mizwa für Mädchen) eingeführt hat.

Säkulare Juden sehen das Judentum weniger als Religion, sondern eher – und auch hier gibt es verschiedenen Meinungen und Richtungen – als Volk, Gemeinschaft, Kultur, Ethnie und so weiter. Das sind sicher rund die Hälfte aller Juden, die sich keiner der oben genannten Gruppierungen zuordnen lassen.

Wie koscher darf's denn bitte sein?

Ich werde wieder einmal zu einem Abendessen einge-
laden. Der Gastgeber ist kein Jude, gehört aber zu
jener Menschengattung, die sich im Judentum besonders gut auskennt. Zumindest glaubt sie es. Schon
beim Eintreffen wird mir gesagt, dass heute »speziell«
für mich gekocht wurde! Aha, denke ich mir, das wird
spannend. Und so ist es dann auch. Aus einem Koch-
buch für koschere Küche wurden all jene Speisen
nachgekocht, die wir am Abend des Pessachfests traditionell essen sollen. Pessach soll übrigens an die
Befreiung der Israeliten aus der ägyptische Sklaverei
und den anschließenden Auszug mit Moses in die
Wüste erinnern, danach sind auch die Speisen, die an
diesem Tag gegessen werden, ausgerichtet. Zum Beispiel ein süßliches, müsliartiges, trockenes Etwas, das
an den Lehm erinnern soll, in dem die Juden gestapft
sind, um das Stroh einzuarbeiten, damit daraus Paläste

und Pyramiden gebaut werden können. Und so wurde mir von der Vorspeise bis zum Dessert ein gesamtes »Pessach-Menü« serviert. Wobei an dieser Stelle gesagt werden muss: Das Essen am Pessach-Abend ist nicht wirklich das beliebteste und verdient auch nicht gerade eine Haube in koscherer Küche. Gut gemeint ist nicht immer gut. Und so schmeckt es auch.

Essen ist in allen Religionen ein wichtiges Thema, so auch im Judentum. Da gibt es Regeln und Gebote, die eingehalten oder elegant umgangen werden – manchmal mehr, manchmal weniger, wie streng man es eben nimmt. Und auch beim Thema Essen heißt es: Jude ist nicht gleich Jude.

Unsere Großmütter etwa – ich spreche ausschließlich von meiner Generation (unsere Eltern kannten ihre Großeltern meistens ja gar nicht) – waren stets darauf bedacht, dass die Kinder und besonders die Enkelkinder immer ausreichend zu essen hatten. Wir konnten nie satt genug sein, immer und überall gab es noch etwas. Kein Ausflug, keine noch so kurze Reise, keine Autofahrt, ja, kein Spaziergang in die Stadt ohne das obligate »Päkale« (kommt aus dem Jiddischen und soll so viel wie Päckchen bedeuten). Und so ein »kleines« Paket konnte allerhand beinhalten. Sie können sich gar nicht vorstellen, was so alles portioniert werden kann! Alles. Wirklich alles! Äpfel, selbstverständlich vorher von der ungesunden Schale befreit, gewaschen und in mindestens acht Stücke geteilt, lagen im selben Sackerl wie die Kartoffelchips. Zu gesund sollte es dann schließlich auch nicht werden. Die Bananen, fast vorgekaut, neben den Sandwiches, die mit allerlei gefüllt waren. Was man eben gerade so im Kühlschrank gefunden hatte. Und selbstverständlich durfte unter dem nicht gerade fettfreien Käse eine dicke Schicht Butter nicht fehlen. Aber hauptsächlich wurden wir doch mit gesundem Obst versorgt! Wie auch immer: Ganz besonders anregend war das Päkale am Sonntag. Da wurden dann noch sämtliche Reste vom Schabbat-Essen kreativ verarbeitet. Plötzlich gab es faschierte Laibchen oder Fleischsalate. Alles, was noch 24 Stunden zuvor in einer völlig anderen Form den zahlreichen Gästen angeboten worden war. So war es eben: Die Kinder sollten ja nicht hungrig bleiben. Damals hat eben noch niemand an meine Fitnesscenter-Kosten von heute gedacht!

Und wichtig war auch immer, alles aufzuessen. Wirklich alles! Ohne Ausnahme. Und es wurde schließlich nie wenig gekocht. Ich erinnere mich an keine Mahlzeit, zu der nicht viel zu viel gekocht wurde. Nach dem fünften Schnitzel mit ausreichend Kartoffeln und Salat als Beilagen, zuvor hatte man schon eine kräftige Suppe geschlürft, wagte man erstmals leise zu sagen: »Danke, aber ich kann wirklich nicht mehr.« Meine Oma bekam dann immer große Augen. Die Augenbrauen als Zeichen des Unverständnisses hochgezogen, zeigte sie auf die restlichen acht Schnitzeln und fragte: »Hat's dir nicht geschmeckt?« Und glauben Sie mir: 13 Schnitzel wurden für eine Person ausgebacken. Waren wir zu zweit – Sie haben es erraten: 26 Schnitzel! Und auch wenn wir schon fünf davon herzhaft genossen hatten, war immer die Befürchtung da, dass es uns doch nicht so gut geschmeckt hat.

Aber nun zurück zum Thema. Nicht jeder Jude isst koscher. Manche essen AUCH koscher. Wieder andere manchmal koscher. Andere nur koscheres Fleisch. Für manche wiederum reicht es aus, wenn die Produkte mehr oder weniger koscher sind (was immer das auch heißen mag). Für viele Juden müssen aber auch die Küche, das Geschirr und die Töpfe koscher sein. Und das scheint sich auch unter den Nichtjuden herumgesprochen zu haben. Zumindest in der gehobeneren Gastronomie:

Ein Verwandter folgt einer Einladung von Bekannten in ein edles Hotel zum Neujahrs-Galadiner (nicht das jüdische Neujahr, sondern der 31. Dezember). Etwa 30 Personen. Ein Großteil davon sind Juden, mein Verwandter nimmt jedoch als einziger die Koscher-Gesetze sehr ernst. Um also beim Galadiner keine unangenehme Situation aufkommen zu lassen, wird am Vortag der Haubenkoch konsultiert. Man wünsche sich eine Portion ohne Fleisch, der Fisch solle auch nur dieser und nicht jener sein, die Beilagen bitte ebenso fleischfrei und ja keine Meeresfrüchte. Der Haubenkoch erwidert: »Koscher?« Erstaunt antworten alle: »Ja, koscher!« Innere Begeisterung. Der Koch kennt sich aus. Das ist ja toll. Wunderbar. Daraufhin der Koch: »Kein Problem. Wie koscher wollen Sie es?« Er wusste sichtlich Bescheid.

Nun ist es tatsächlich nicht ganz einfach mit uns Juden, wenn es ums Essen geht. Aber keine Sorge:

Wie gesagt – nicht alle Juden halten die Koscher-Gesetze ein …

So, und jetzt muss eine »Fußnote« her, sonst wird der Autor ganz wirr: Einigen wir uns darauf, das Wort »koscher« für jede Grammatikform zu verwenden. Das macht zumindest das Schreiben einfacher – »er/sie isst koscher«, »diese Speise ist koscher«, »er/sie hält koscher« (im Sinne von: »hält die Koscher-Gesetze ein«).

Nicht alle Juden essen also koscher. Es kann durchaus sein, dass alle Juden, die Sie kennen – wenn Sie überhaupt Juden kennen beziehungsweise kann es ja auch sein, dass Sie Juden kennen, ohne zu wissen, dass es Juden sind –, wie auch immer, also dass alle Juden in Ihrem Umkreis gar nicht koscher halten. Oder sie essen koscher und Sie wissen oder merken es gar nicht. Oder Sie wissen es und versuchen, bei Ihren Dinner-Einladungen darauf Rücksicht zu nehmen. Oder Sie denken gar, dass Sie, je nach Notwendigkeit, sogar »echt koscher« kochen können. Also: in den koscheren Supermarkt gehen (ein Supermarkt per se kann natürlich nicht koscher oder nicht-koscher sein – gemeint ist hier ein Supermarkt, der koschere Produkte führt), das »Kosher-with-Madonna-and-Barbra-Streisand«-Kochbuch vom letzten New-York-Besuch zur Hand nehmen, eine Mazzesknödel-Suppe kochen und vielleicht noch eine Kippa zum Dinner aufsetzen. Bitte nicht böse sein, aber: Vergessen Sie es! Sie können nicht koscher kochen. Aus. Punkt. Ende.

Um »echt« koscher zu kochen (und nicht nur ein »bisschen koscher«, »auch koscher«, »halb koscher«), muss alles passen. Die Küche, das Geschirr, die Töpfe, der Koch oder die Köchin und selbstverständlich alle Lebensmittel.

Crashkurs
»Koscher kochen«

Von den 613 Geboten und Verboten der Tora befassen sich mindestens 50 mit Speisen und Tischsitten. Speisen müssen koscher (rein) sein, wie es die Tora an verschiedenen Stellen vorgibt. Wesentliche Gebote sind: kein Blut zu sich zu nehmen (weshalb Tiere geschächtet werden), den gleichzeitigen Genuss von Fleisch und Milch zu vermeiden und keine nicht-koscheren Produkte zu verzehren.

Die Küche: Eine koschere Küche trennt Geschirr, Besteck, Töpfe und sonstige Kochutensilien für die Zubereitung von Milchigem und Fleischigem. Ideal sind natürlich zwei getrennte Spülbecken. Manche haben auch zwei Backöfen und zwei Herde, andere verwenden sogar zwei Kühlschränke. Unbedingt notwendig sind aber nur das getrennte Geschirr (inklusive Besteck) und die getrennten Kochutensilien, um hier nicht zu streng und zu detailliert zu werden.

Die Lebensmittel: Alle, und wirklich alle Produkte müssen koscher sein. Das bedeutet: Es gibt grundsätzlich kein Problem bei der Verwendung von Obst, Gemüse, Gewürzen, Getreide und so weiter (es sei denn, darin kriecht Ungeziefer – das ist nämlich nicht koscher). Aufpassen muss man auch bei Eiern, darin darf kein Blut sein. Wenn die Nahrungsmittel einen sogenannten Hechscher, also ein Koscher-Zertifikat, haben, ist das natürlich von Vorteil. Alle Produkte, bei denen man sich nicht sicher sein kann, dass sie ohnehin koscher sind, benötigen jedenfalls ein solches. Im Übrigen gibt es die unterschiedlichsten Zertifizierungen von den unterschiedlichsten Organisationen. Diese Organisationen kümmern sich mithilfe von angesehenen Rabbinern, die sich mit Nahrungsmitteln und den Koscher-Gesetzen bestens auskennen, darum, Produkte einen Hechscher zu geben. Je »strenger« die Organisation und je »strenger« die Rabbiner, desto schwieriger für eine Marke oder ein Produkt, diesen Hechscher zu erhalten.

Milch ist ein Spezialfall: Viele trinken Milch nur, wenn sie einen Hechscher hat. Für andere ist auch normale Milch in Ordnung. Demnach gilt natürlich auch Käse als ein »sensibles« Produkt. Dies hat aber nicht nur mit der Milch zu tun, sondern auch und vielmehr mit dem Herstellungsverfahren. Käse benötigt zur Gerinnung Lab, das früher stets tierisch war. Dies bringt das Problem mit sich, dass bei der Verwendung von tierischem Lab die Trennung von Milchigem und Fleischigem nicht eingehalten werden kann. Heute

wird Hartkäse aber oft mit vegetarischem Lab herge-
stellt.

Wein ist auch so ein Spezialfall: Obwohl Wein ein
pflanzliches Produkt ist und daher keiner spezifischen
Kaschrut-Vorschrift unterliegt, trinken orthodoxe Juden
dennoch nur Wein mit einem Koscher-Zertifikat. Der
Grund hierfür liegt darin, dass Wein in anderen Religionen eine rituelle Bedeutung hatte und hat und
daher die Gefahr besteht, dass er im Rahmen von
einem Götzendienst verwendet wird. Daher ist es
üblich geworden, dass nur der Wein, der in der Produk-
tion von eigens dafür beauftragten Juden kontrolliert
wird, als koscherer Wein gilt und einen Hechscher
bekommt. Und noch etwas: Wein ist schon deshalb
»besonders«, da wir Juden sogar einen eigenen Segensspruch auf Wein sagen: »Bore pri hagafen.« Wir trinken ja auch oft genug Wein (siehe das Kapitel über die
Feiertage, Seite 67, und den Schabbat, Seite 53)!

Bei Tieren funktioniert das wie folgt: Fische sind
koscher, wenn sie Schuppen UND Flossen haben (die
meisten Süßwasserfische, Lachs, Thunfisch …). Das
ist ausreichend. Von den Meerestieren nicht erlaubt
sind all jene, die keine Fische sind, zum Beispiel Hum-
mer, Langusten, Muscheln, Tintenfische und Schne-
cken.

Landlebende Säugetiere sind koscher, wenn sie
sowohl Wiederkäuer als auch Paarhufer sind (also
zum Beispiel Rinder) und koscher geschächtet wurden. Schächten kann ebenfalls nur ein geschulter Jude,
der sogenannte Schochet (Schächter). Dieser fromme

Mann hat alle diesbezüglichen Regeln genauestens studiert, sich diversen Prüfungen unterzogen und ist ein Meister dieser Technik. Man darf nicht vergessen: Gott hat nicht nur uns Menschen erschaffen, sondern auch die Tiere. Und diese Geschöpfe Gottes zu töten, bedarf höchster Sensibilität! Das Tier muss auf seine Gesundheit geprüft werden und professionell geschächtet werden. Das richtige Messer (die Länge richtet sich nach der Größe des Tieres), ein Segensspruch, der richtige Schnitt, sodass das Tier nach knapp zwei Sekunden bewusstlos ist und anschließend das Blut möglichst vollständig hinausfließen kann (Blut darf auch nicht gegessen werden). Ist einer dieser Faktoren nicht gegeben, kann das Fleisch nicht koscher werden.

Geflügel wiederum ist koscher, genauer gesagt spezifiziert die Tora 24 Vogelarten, die koscher sind – Greifvögel gehören hier nicht dazu. Reptilien und Kriechtiere sind auch nicht koscher.

Nach rabbinischen Vorschriften und den diesbezüglichen Gesetzen aus der Tora gilt, dass alle Produkte von koscheren Tieren ebenfalls als koschere Lebensmittel gelten. So ist die Milch eines koscheren Tieres (Kuh, Ziege) selbst koscher, während die eines nicht-koscheren Tieres (Pferd) nicht erlaubt ist. Eine Ausnahme bildet der Honig, der zwar als koscher gilt, dennoch aber von einem nicht-koscheren Tier (Biene) hervorgebracht, also gesammelt und nicht produziert wird.

Das koschere Fleisch ist vor der Zubereitung noch zu wässern, salzen und zu spülen, sodass möglichst kein Blut übrig bleibt (gilt auch für Geflügel, nicht aber für Fisch).

Die Zusammenfassung dieses Religionsgesetzes: Wichtig ist die Unterscheidung von erlaubten und nicht-erlaubten Tieren, das Verbot, Blut zu essen, die Trennung von fleischig und milchig sowie die neutralen Lebensmittel. Diese werden als parve bezeichnet und sind alle jene, die nicht zur Gruppe der Milch- oder Fleischprodukte zählen. Sie dürfen nach Belieben mit diesen kombiniert und auf allen Tellern, mit jedem Besteck (Milchiges und Fleischiges) gegessen werden. Parve ist also fast mit vegetarisch gleichzusetzen.

Sie sehen: Es ist sehr kompliziert. Also am besten fragen Sie Ihre Gäste vorher: »Wie koscher darf es sein?«

Na dann: Bete-awon (hebräisch: Guten Appetit)!

Und warum
das ganze Theater?

Das Judentum beschäftigt sich sehr wohl auch mit physischen, profanen Dingen. Allerdings wird versucht, alles Irdische auf irgendeine Art zu »heiligen«. Das Leben an sich ist etwas Heiliges. Daher sollen auch alle Taten einen heiligen Charakter haben. Das heißt, im Sinne Gottes vollzogen werden. Man kann »normal« leben, ohne sich irgendwelche Gedanken darüber zu machen. Man kann nur des Genusses wegen und um Bedürfnisse zu stillen essen und trinken. Man kann aber auch versuchen, den Dingen einen gewissen Sinn zu geben. Dies ist es, was das Judentum verlangt.

Ein ganz normaler Vorgang, den die Philosophie immer wieder durchläuft: die Frage nach dem »Warum«. Dafür gibt es die Gebote, die sogenannten Mizwot. Nota bene: Davon gibt es im Judentum 613 Stück. Man beginnt spätestens jetzt, den innerjüdischen, jiddischen Spruch zu verstehen: Es ist schwer zu sein a Jid! Also diese 613 Gebote und Verbote sind sozusagen unser Navigationssystem durch das Leben. Die Verkehrsschilder, die uns sagen, hier geht's lang, aber hier ist Schluss! Sie ermöglichen dem einzelnen Menschen sowie der Gemeinschaft, jeden Moment des Lebens, vom Aufstehen in der Früh bis zum Schlafengehen, zu heiligen. Dem Leben wird dadurch ein höherer Sinn gegeben. Beziehungsweise kann gegeben werden. Sie erinnern sich: Nicht alle Juden sind gleich, nicht alle halten alle Gesetze ein!

Was sind also diese 613 Gebote und Verbote?

Die sogenannten Mizwot und Awerot (Gebote und Verbote) werden teilweise von der Tora genannt, teilweise sind sie aber auch von den Rabbinern festgelegt worden. Sie teilen sich in 248 Gebote und 365 Verbote auf – die hinlänglich bekannten »Zehn Gebote« sind selbstverständlich ein Teil davon.

Die Mizwot und Awerot ziehen sich durch das gesamte Leben eines Juden ab seinem 13. Lebensjahr (bei Buben) beziehungsweise ab dem 12. bei Mädchen. Koscher essen, Schabbat einhalten, nicht stehlen, nicht lügen, Vater und Mutter ehren, Wohltat, Kranke besuchen, die Beschneidung, die Hochzeit, die Ehe, der Umgang mit Mitmenschen, Tiere und Pflanzen, das Beten, das Tora-Lernen etc. etc. etc. Das ganze Leben ist voll von diesen Geboten und Verboten. Und selbst ein nicht-religiöser Jude wird – unbewusst, aber doch – Gebote einhalten.

Es ist aber für den Einzelnen de facto unmöglich, alle Gebote einzuhalten. Manche gelten nur für Frauen, andere nur für Männer, manche nur für Eheleute, andere sind nur im Land Israel praktizierbar.

Droht Lebensgefahr, dürfen nach jüdischem Recht nahezu alle Gebote gebrochen werden! Sogar der Schabbat! Von dieser Vorschrift ausgenommen sind lediglich drei Verbote, die auf keinen Fall missachtet werden dürfen: Mord, Götzendienst (das Anbeten eines anderen Gottes) und verbotene Beziehungen (zum Beispiel Sex mit nahen Verwandten).

Die Gebote und Verbote der Reinheit und Unreinheit haben im Judentum immer eine geistige oder moralische Bedeutung. Unrein heißt auf Hebräisch tame oder trefa. Rein bedeutet koscher. Womit wir also wieder beim »koscher« wären, allerdings um eine Bedeutungsebene erweitert: Denn neben unreinem Essen gibt es auch unreine Taten. Was aber indirekt auch zusammenhängt, denn viele Philosophien und Religionen meinen, dass alles, was der Mensch in seinen Körper aufnimmt, auch Auswirkungen auf Geist und Seele hat. Koscher ist also nicht einzig als hygienische oder medizinische Reinheit anzusehen, sondern auch als spirituelle. Die Vorteile der koscheren Küche aus medizinischer und hygienischer Sicht gibt es selbstverständlich auch – und viele große Mediziner und Rabbiner haben danach geforscht und darüber geschrieben –, sie sind aber eben nicht die Hauptgründe für die Kaschrut.

Was kann Judentum alles sein?

Judentum ist mehr als eine Religion. Judentum ist mehr als Orthodoxie, als koscher, als Schabbat, als Feiertage. Nicht für alle, aber für sehr viele. Judentum ist nämlich auch eine Kultur. Sehr viele Juden identifizieren sich mehr mit jüdischer Musik, mit jüdischer Kunst (in all ihren Facetten), mit jüdischer Literatur als mit Feiertagen, Rabbinern und Gesetzen. Für viele ist Judentum auch eine Ethnie. Oder gar »nur« eine Tradition (wobei Tradition alleine auch wieder viel ist, daher hier das »nur« unter Anführungszeichen). Judentum ist selbstverständlich auch Folklore. Jüdische Tänze, das Singen in der Synagoge, ein jüdischer Chor, eine traditionelle Hochzeit, Rituale und Brauchtum. Sie sehen: Es gibt sehr viele verschiedene Möglichkeiten, sehr viel Definitionen. Man findet daher wenige der sogenannten säkularen oder auch orthodoxen Juden, die »ihr« Judentum nicht auf irgendeine Weise definieren. Oder zumindest nicht auf nur eine Weise.

Natürlich gab es Zeiten, in denen man froh war, wenn man nicht als Jude identifiziert wurde. Jude war man dann höchstens zu Hause und dort auch nur sehr eingeschränkt. Oder man wusste gerade noch, dass man Jude ist, wollte aber überhaupt nichts damit zu tun haben. Viele haben sich daher in keiner jüdischen Gemeinde registriert, wollten absolut keine Post von jüdischen Institutionen erhalten (der Nachbar könnte sonst Verdacht schöpfen!). Und das war nicht nur in den Zeiten der Verfolgungen. Das war in Europa auch nach den ersten Jahrzehnten nach dem Holocaust noch so. Möglichst leise sein. Möglichst nicht auffallen. Oder gar sein Judentum innerlich und öffentlich absolut negieren.

In solchen Zeiten wurde selbstverständlich auch nicht oder nur sehr eingeschränkt darüber diskutiert, was das Judentum ist oder was es neben der Religion zusätzlich noch sein kann. Heute ist man schon mehr stolz darauf, Jude zu sein. Jeder auf seine Weise. Manche mehr, manche weniger. Und dies hat natürlich auch sehr schnell dazu geführt, dass man – nachdem man sich zu ihr bekannt hat – die eigene Identität wieder in Frage gestellt hat oder, besser gesagt, reflektiert hat. Eine durchaus sehr positive Entwicklung. Das führte dazu, dass das Judentum »mehr geworden« ist. Mehr als eine Religion.

Auf der einen Seite steht die Religion, der Glaube. Auf der anderen Seite die Ethnie, der Völkergedanke, wird das Judentum als Nation betrachtet. Nation im Sinne geteilter geschichtlicher Ereignisse und Mythen. Volk im Sinne von Gemeinschaft. Religion im Sinne einer Glaubensgemeinschaft. Und Ethnie im Sinne kultureller Eigenheiten und Traditionen. Judentum ist jedoch wie gesagt niemals nur eine dieser jeweiligen Bezeichnungen, sondern von jedem ein bisschen und damit ein seit über 2000 Jahren bestehendes Novum einer Daseinsform, das sich einfach nicht in gängige Normen pressen lässt. Denn heutzutage kann und darf man alles sein. Die Begriffe sind fließend, keine starren Weltbilder. Als Vorbild können hier die Vereinigten Staaten von Amerika erwähnt werden. Eine Nation der Nationen. Der Inbegriff des Vielvölkerstaates.

Das 21. Jahrhundert darf als das Jahrhundert der Identitäten (so beschreibt es der Historiker und Philosoph Awi Blumenfeld aus Tel Aviv), als das Jahrhundert der Migration, als das Jahrhundert der Mobilität bezeichnet werden. Man kann jenen Ort Heimat nennen, in dem man geboren ist, wo man den ersten Schultag erlebt hat, wo man eine schöne Kindheit hatte, wo man die Schule beendet hat. Und danach kann man physisch und geistig übersiedeln. Ein Studium im Ausland und die vielleicht damit verbundene neue Arbeitsstelle und neue Wohnung können zu einer neuen, vielleicht auch nur temporären, Heimat führen. Und wenn man dann, vielleicht aufgrund einer Beziehung, weiterzieht, sich neu orientiert, eine

Familie gründet und ein Haus baut, dann hat man in einem Leben schon drei Heimaten gehabt. Und zu jeder wird man sich auf die eine oder andere Weise hingezogen fühlen. Und mit jeder wird man sich identifizieren.

Darüber schreibt Steven Beller in seinem Essay »Auf der Suche nach meinem … Zuhause« in der Zeitschrift »Das jüdische Echo« (Vol. 59, 2010/2011) Folgendes: »Ich denke, diese Identifikation zwischen einem besonderen Raum oder Territorium und Zuhause, die im Begriff Heimatland enthalten ist, ist letztendlich falsch. Sie beantwortet natürlich ein emotionales Bedürfnis (und daher kommt die Macht des Nationalismus), aber sie ist das Ergebnis einer Verwechslung zwischen leblosem Raum und dem, was ein wirkliches Zuhause ausmacht: Diese Erinnerung an Heimat wird zwar von der Erinnerung an bestimmte Orte wiederbelebt, aber sie besteht eigentlich aus Menschen, Beziehungen, nicht aus bloßem Raum, sie besteht aus Verbindungen, nicht aus umgrenztem Territorium. Heimat ist dort, wo ein Geflecht aus persönlichen Beziehungen besteht. Heines ›portative Heimat‹ ist in diesem Sinn im Zeitalter der Massenmobilität die moderne Version aller Heimaten. Die jahrhundertelange Immobilität der Menschen (die im Übrigen weit weniger immobil waren, als es die nationalistischen Mythen zugestehen) verdeckte lange Zeit die Unterschiede zwischen Heimat und Land. In diesem Sinn hatten die Juden als ein mobiles Volk des Handels, von Yuri Slezkine ›Merkurianer‹ genannt, in Heines Sinn den Vorteil zu wissen, dass Heimat nicht ein besonderer Ort war, sondern dort lag, wo die eigenen Interessen, Gefühle und geliebten Menschen waren. Heimat ist kein Flecken Land. Heimat ist, wo das Herz schlägt.«

Die Hälfte der Juden leben nicht in Israel. USA ist ein Vielvölkerstaat. Es leben mehr Griechen im Ausland als in Griechenland. Warum auch nicht? Oder Cem Özdemir aus Deutschland: Sohn einer türkischen Gastarbeiterfamilie, Ausbildung in Deutschland, Aufenthalt in den USA und heute Bundesvorsitzender der Grünen. Und seine Frau: eine Argentinierin. Ich bin Österreicher. Ich bin Jude. Oder Jude und Österreicher. Was zuerst, werde ich oft gefragt? Kommt drauf an, wie man es liest, sagt ein bekannter Witz. Von links nach rechts, wie im Deutschen, oder von rechts nach links, wie im Hebräischen. Ich bin Jude. Ich bin Österreicher. Ich bin Europäer. Und ebenso liebe ich Israel und identifiziere mich mit diesem Staat. Das ist für mich kein Widerspruch. Das ist Heines »portative Heimat«. Und ist das ein Konflikt? Manchmal nein, manchmal ja. Es ist in jedem Fall eine Bereicherung!

»Aus dem inneren Konflikt wird Kreativität entwickelt«, sagt der orthodoxe Rabbiner und Philosoph Rav Joseph Ber Soloveitchik (1903–1993). Diese ständige Diskurssituation bereichert mein Leben.

Herr Blumenfeld beschreibt, wie schon oben erwähnt, das 21. Jahrhundert als Jahrhundert der Identitäten und meint, zusammengefasst, weiter: Multiple Identitäten und Nationalitäten gehören zum Alltag. Wo Ethnien und Glauben dank interurbaner und nationaler

Mobilität ungemein vielfältig anzutreffen und omni-
präsent sind, hat das Judentum eine Vorreiterrolle ein-
genommen, die zeigt, wie eine Gemeinschaft, denn als
solches versteht sich das Judentum, eine Zeugenge-
meinschaft einer bestimmten Aufgabe, als Minderheit
in einer Mehrheitsgesellschaft überleben kann. Einerseits als Teil dieser Mehrheitsgesellschaft, andererseits
als eigenständige Entität. Das Judentum zeigt seit 2000
Jahren seine Vorreiterrolle der Avantgarde. Unsere,
meine, multiplen Identitäten werden gleich stark ausgelebt. Ja, sie können, dürfen und sollen sogar gleich
stark ausgelebt werden.

Warum ist Schabbat nicht am Sonntag?

Ein neuer Tag beginnt im Judentum immer bei Einbruch der Dunkelheit und endet, wenn am nächsten Abend drei Sterne am Himmel zu sehen sind. Der Schabbat fängt somit am Freitagabend bei Sonnenuntergang an und endet Samstag bei Einbruch der Nacht.

Und warum ist Schabbat nicht am Sonntag? Das kann ich Ihnen ganz einfach erklären: Der Sonntag ist im jüdischen Kalender nämlich der erste Tag der Woche. Die Woche hat sieben Tage, angelehnt an die sieben Tage dauernde Schöpfung. Der erste Tag ist, wie gesagt, der Sonntag, der siebente eben der Schabbat.

Und warum ist der Schabbat für das Judentum so wichtig? Der Schabbat hat im Judentum vor allem deshalb einen so großen Stellenwert, da wir an diesem Tag, also einmal in der Woche, zwei wichtiger Ereignissen gedenken sollen: zum einen der wohlverdienten Ruhe Gottes, nachdem er sein Werk – die Erschaffung von Himmel und Erde mit Menschen, Tieren und Pflanzen – vollendet hat (auf Deutsch heißt es ja auch »Ruhetag«). Zum anderen sollen wir uns des Auszugs der Israeliten aus Ägypten, der ja als das Ereignis schlechthin im Judentum gilt, bewusst sein. Schließlich verließen die Israeliten nicht nur Ägypten und waren dankbar für ihre Freiheit nach Jahrhunderten der Versklavung, sondern das Volk marschierte weiter durch die Wüste bis zum Berg Sinai. Dort – im Niemandsland – offenbarte sich ihnen Gott, er übergab ihnen die Tora und formte das jüdische Volk damit auch zu einer Religionsgemeinschaft.

Was aber ist nun ein Volk ohne Land? Irgendwo in der Wüste? Ohne Grenzen? Entspricht das unserem Verständnis von einem Volk? Ein Volk braucht doch zumindest eine Sprache, eine Kultur, Gesetze und ein Land. Die Sprache ist da. Die Gesetze wurden soeben überreicht. Wo aber ist dieses Land? Denn erst als »fertiges« Volk ziehen die Juden nun ins gelobte Land Israel. Also doch: Hier ist endlich dieses Land. Das Land ist aber nicht die Basis des jüdischen Volkes, denn diese ist irgendwo und überall. Ein Volk, welches somit auch in der Diaspora, in den USA, in England, Deutschland oder Österreich, einfach überall bestehen kann. Auch in Israel, aber nicht nur in Israel.

Zurück zum Schabbat: Der Schabbat spielt wie bereits erwähnt eine sehr zentrale Rolle im Judentum. Nicht umsonst wird er als einziger Tag der Woche bereits in den Zehn Geboten erwähnt. Manche Men-

schen sind auch der festen Überzeugung, dass immer
dann, wenn Juden aufhören, den Schabbat zu »heiligen«, also seine Gesetze einzuhalten, also dass immer
dann diese Menschen auch aufgehört haben, Juden zu
sein. Sie haben sich assimiliert, was auch zur Folge
hat, dass sie nur wenige Generationen später keine
jüdischen Nachkommen mehr haben. Achad Haam,
der große zionistische und areligiöse Schriftsteller aus
Odessa, schrieb im 19. Jahrhundert: »Nicht die Juden
haben den Schabbat gehalten, sondern der Schabbat
hat die Juden gehalten.«

Was passiert nun an diesem Tag? Aufgrund der
zahlreichen besonderen Gesetze, die es an diesem Tag
einzuhalten gilt, sollten die Vorbereitungen möglichst
schon vor dem Einbruch der Dunkelheit am Freitagabend erledigt werden. Diese Gesetze verbieten nämlich zum Beispiel das Kochen, das Autofahren, das
Einschalten von Licht und noch einiges mehr.

Viele Menschen finden diese Regeln undurchschau-
bar und können manche Verbote nicht nachvollziehen: Man darf nicht Autofahren, kein Licht anschal-
ten, nicht kochen, nicht fernsehen, nicht am Computer
arbeiten? Ist das wirklich alles Arbeit? Ist das die
Arbeit, von der wir uns ausruhen sollen? Ich kann hier
sogar noch zu mehr Unverständnis beitragen: Man
soll nämlich zum Beispiel auf der Straße keinen Kin-
derwagen schieben, aber Regale mit schweren Büchern
einräumen darf man.

Warum das alles? Schabbat ist eine Erinnerung an
den Schöpfungsakt Gottes. Es geht keineswegs um eine

Tätigkeit, die physisch anstrengend ist, sondern um jede Form von Aktivität, die einen direkten Eingriff in den Lauf der Welt bedeutet. Klingt jetzt etwas dramatisch. Ist aber so. Das Feuermachen zum Beispiel ist eine Veränderung der Natur. Viele Details mögen an den Haaren herbeigezogen klingen. Aber man muss sich nur die moderne Justiz ansehen: Gesetzesauslegungen werden irgendwann immer sehr spitzfindig und kompliziert, weil so viele Details dazukommen.

Man muss am Schabbat vom Alltag abschalten, sich der täglichen Arbeit entziehen, sich von jeder Fremdbestimmung entfernen. Dann kann man den Schabbat auch als etwas ganz anderes betrachten als nur einen Tag voll mit Gesetzen und Einschränkungen: nämlich als Luxus! Und ein solcher ist er heute mehr denn je geworden. Und wenn man sich die Geschichte genau ansieht, dann wird man schnell erkennen, dass das eigentlich schon immer so war. Juden wurden nicht nur oft unterdrückt und verfolgt, sie waren auch entgegen allgemein üblichen Klischees häufig arm. Der Schabbat war gerade für jene Menschen der pure Luxus, die sonst tagtäglich, um zu überleben, hart arbeiten mussten.

Sitzen Juden
jeden Schabbat im Dunkeln,
essen kalten Fisch
und schlafen nur?

Natürlich nicht. Wir haben sehr viele Feiertage, und an diesen veranstalten wir große Mahlzeiten für die ganze Familie. Das führte oft zu sehr kreativen Einfällen:

Gekocht kann beispielsweise auch vor Beginn des Schabbats werden. Man muss sich nur ein bisschen an den großen Hotels oder Restaurants orientieren, in denen die Menüs gekocht und später für die Gäste warm gehalten werden. Stimmt, ein gutes Steak wird Freitagabend natürlich nicht auf den Tisch kommen, aber es gibt so viele andere Gerichte, die man problemlos vorbereiten kann. Und glauben Sie mir: Keinem Gast wird bei uns zu Hause an der Auswahl des Essens auffallen, dass gerade Schabbat ist. Der Tisch biegt sich, und die beste (nichtjüdische) Freundin meiner Familie meint regelmäßig ironisch: »Gibt es heute wieder nichts zum Essen?«

Das »Licht-Problem« kann sich etwa durch den Einsatz von Zeitschaltuhren lösen lassen. So kommt man nie in die Verlegenheit, im Winter schon um acht Uhr ins Bett gehen zu müssen – sobald es dunkel wird, geht wie von selbst das Licht an. Ziemlich clever, oder?

Aufs Fernsehen lässt sich wohl leicht verzichten, und der Computer sowie das Telefon sind in Wahrheit auch nicht überlebenswichtig. Apropos: Geht es ums Leben oder ums Überleben, sind wie erwähnt alle Gesetze aufgehoben: Tritt ein Notfall ein und jemand muss ins Krankenhaus, dann darf man gar nicht auf Schabbat-Ende warten oder die Strapazen eines langen Spazierganges dorthin auf sich nehmen. Selbstverständlich ruft man die Rettung oder fährt mit dem Auto.

Was passiert im Laufe des Schabbats?

Hier die Antwort einer traditionellen Familie: Freitagabend wird der Schabbat durch die Mutter eröffnet und begrüßt. Sie zündet (mindestens) zwei Kerzen an, sagt einen Segensspruch. Oft wird für jedes weitere Familienmitglied eine zusätzliche Kerze gezündet. Das ist keine Pflicht, aber ein sehr schöner Brauch, finde ich. Der Vater geht zum Abendgebet in die Synagoge. Nach seiner Rückkehr nehmen alle am gedeckten Tisch Platz, die Eltern segnen die Kinder und der

SITZEN JUDEN JEDEN SCHABBAT IM DUNKELN ...

rituelle Teil des Abends beginnt. Zuerst wird ein Segensspruch auf den Wein gesagt – und dieser getrunken. Anschließend wäscht sich die Tischgesellschaft die Hände, um dann den Segensspruch über die beiden Brotlaibe zu sagen und diese, mit ein wenig Salz bestreut, zu essen. Es ist ein Brauch, zwischen dem Händewaschen und dem Brotessen zu schweigen. Sind Sie Gast bei einem Schabbat-Mahl, so vermeiden Sie es also am besten, in dieser Zeit aus Höflichkeit ein bisschen Smalltalk zu führen. Warten Sie die paar Sekunden ab, keine Sorge – im Anschluss daran wird sowieso ausreichend geplaudert.

Ja, und nun geht es los. Vorspeise, Zwischengang, Suppe, Hauptspeise, Dessert. Je nach Tradition. In manchen Familien werden weniger Gänge aufgetischt, in anderen mehr und diese sogar oft mehrmals! Sie brauchen sich also keine Sorgen machen und zu Hause noch ein Not-Essen vorbereiten: Sie werden bis Samstagabend keinen Hunger verspüren, glauben Sie mir! Der traditionelle Gefillte Fisch, der Kartoffel-Kigel, die Suppe und so weiter – das sind alles keine wirklich leichten Speisen. Machen Sie gerade eine Diät? Am Schabbat ist Diät-Cancelling (ganz im Gegenteil zum Dinner-Cancelling)!

Nach dem ganzen Essen wird geplaudert, debattiert, diskutiert, lauter, leise, emotional, gemütlich – Sie können alles erleben. Die Themen reichen von der Gesellschaft (»Wusstet ihr schon, dass ...«) über die Politik (»So eine Frechheit von der EU, Israel so ...«) und die Kultur (»Eine schlechte Inszenierung ...«) bis zur

59

Gemeindepolitik (»Unser Präsident hätte besser ...«). In orthodoxen Häusern wird außerdem aus dem wöchentlichen Tora-Abschnitt erzählt, und es werden spezielle Lieder gesungen.

Am nächsten Tag geht man in die Synagoge. Das Schabbat-Gebet ist länger als das tägliche Morgengebet, da aus der Tora gelesen wird, der Rabbiner (sofern einer vorhanden ist) eine Ansprache hält und zusätzliche Gebete eingeschalten werden.

Das Mittagessen fällt wieder etwas opulenter aus. Am Nachmittag wird geruht oder aus Tora und Talmud gelernt, die Kinder spielen. Und so vergeht ein wunderschöner Tag, der wieder mit dem Anzünden einer Kerze (das Licht für die kommende Woche), dem Riechen an frischen Nelken und einem Schluck Wein oder Traubensaft beschlossen wird.

Wenn man sich das so anhört, stellt sich doch die Frage: Ist es wirklich so furchtbar, einen Tag lang kein Licht einzuschalten?

Was macht eigentlich ein Rabbiner?

Wofür gibt es einen Rabbiner, und geht's nicht auch ohne?

Heutzutage ist ein Rabbiner ein Mann (oder auch eine Frau), der das jüdische Gesetz im Zuge einer speziellen Ausbildung in der Talmud-Hochschule studiert und eine Abschlussprüfung vor einem Rabbinatskollegium abgelegt hat. Er erhält dadurch die sogenannte Smicha. Also die Ordination. Sprechen wir in diesem Zusammenhang vom orthodoxen Judentum, wird ihm mit dieser Zulassung die Erlaubnis erteilt, zu lehren und nach der Halacha (Religionsgesetz) zu urteilen. Die erste Ordinationsfeier für das orthodoxe Judentum in Deutschland nach dem Zweiten Weltkrieg fand erst am 2. Juni 2009 (in der großen Synagoge in München statt. Im Übrigen eine der schönsten neuen Synagogen Europas!) Ausbildungsort für orthodoxe Rabbiner ist das neu gegründete Rabbinerseminar in Berlin.

Bis ins Mittelalter durften Rabbiner mit der Tora kein Einkommen erzielen. Das heißt, das Rabbinat war eine unbezahlte, freiwillige Tätigkeit. Deshalb arbeiteten Menschen in Europa nur nebenberuflich in diesem Amt. Man war Rabbiner, nebenbei vielleicht Kaufmann, Schuster, Händler oder Lehrer. Erst im 14. Jahrhundert wurde diese Regelung, nachdem die Anforderungen ständig erweitert worden waren, schließlich aufgegeben. Doch selbst dann arbeiteten offenbar viele Rabbiner vorwiegend als Vorbeter in einer Synagoge. Heute ist das alles ganz anders: Der Rabbiner wird meistens von einer Gemeinde angestellt. Er ist somit hauptberuflich Rabbiner.

Aber kann nun eine Gemeinde oder eine Synagoge auch ohne Rabbiner existieren? Ja, natürlich! Denn ein Jude kann auch ohne Gemeinde und ohne Synagoge Jude sein. Man ist einfach so Jude. Ohne Steuer, ohne Beitrag, ohne Schein. Haben sich mehrere Juden zusammengefunden und eine Synagoge gegründet, dann benötigen sie immer noch keinen Rabbiner. Sie können beten und den kompletten Gottesdienst – unter der Woche, am Schabbat und an den Feiertagen – gemeinsam abhalten. Ganz ohne Rabbiner. Also was jetzt, wozu gibt es dann überhaupt einen Rabbiner? Für die Beichte sicher nicht, denn: Will jemand beichten gehen, hat er Pech gehabt. Die Beichte gibt es im Judentum nämlich nicht. Und schon gar nicht kann sie von einem Rabbiner abgenommen werden. Haben Sie etwas »Böses« getan? Bitte direkt mit Gott ausmachen. Er ist der Chef. Da gibt es niemanden dazwischen.

Also wieder nichts. Man könnte jetzt denken: toller Beruf! Nichts zu tun. Nur Ehre.

So ist es aber natürlich auch wieder nicht. Ein Rabbiner wird von der Gemeinde angestellt, um Fragen zu beantworten, um religiösen Beistand zu geben, um zu lehren, um die Gemeinde zusammenzuhalten, um den richtigen Weg vorzugeben, um zu mahnen, um den jüdischen Alltag, das jüdische Jahr zu erklären. Kleine Kinder werden zu ihm geschickt, damit er sie bei ihren ersten Schritten in die Welt des Talmuds begleitet. Entweder sie besuchen eine jüdische Schule, die am Nachmittag diesen zusätzlichen Unterricht anbietet, oder ein Gemeinderabbiner unterrichtet die Kinder an einem, zwei oder mehreren Nachmittagen in der Woche.

Teenager gehen zum Rabbiner, um für die Bar oder Bat Mizwa bestens vorbereitet zu sein. Wenn der/die Betreffende dann am wichtigsten Tag des Lebens in der Synagoge steht und vor der Gemeinde einen Tora-Abschnitt mit Gesang vorliest, zittert nicht nur die Mutter mit Gänsehaut auf der Damenseite, neben ihr die Großmutter sich laut ins Stofftaschentuch schnäuzend und der Vater stolz neben seinem Kind, auch der Rabbiner beobachtet alles nervös und hofft, dass er das »neue Gemeindemitglied« perfekt vorbereitet hat.

Und ist das Kind dann erwachsen und will heiraten, wird der Rabbiner auch für die Trauung benötigt. Alle versammeln sich unter dem Baldachin, und er spricht die heiligen sieben Segenssprüche (die Schewa Berachot), liest den traditionellen Ehevertrag laut vor (ja, bei uns gibt es schon immer einen Ehevertrag, da auch die Möglichkeit einer Scheidung vorgesehen ist – man weiß ja nie!), reicht dem Brautpaar den Weinbecher, aus dem beide trinken, und legt das berühmte Glas schließlich dem Bräutigam zu Füßen. Dieser zertritt es (was an die Leiden, die Israel in der Vergangenheit erlitten hat, erinnern soll), und alle Gäste rufen den Brautleuten Mazel Tov zu (kennen Sie sicher aus der Fernsehserie »Sex and the City«). Und bevor der Rabbiner noch gratulieren kann, wird er von Eltern, Tanten und Geschwistern »brutalst« zur Seite gedrängt. Sein Job ist zu diesem Zeitpunkt beendet. Feierabend. Sollte der Haussegen irgendwann einmal schief hängen, so steht der Rabbiner dem Ehepaar erneut zur Seite und hofft, hie und da noch etwas kitten zu können.

Streiten zwei Mitglieder einer Synagoge, dann wäre es wünschenswert, wenn sie, bevor sie vor Gericht gehen, den Rabbiner konsultieren. Ist diese Speise koscher? Wie entzünde ich das Chanukkalicht? Wo muss ich eine Mezuza (eine Schriftkapsel, die das Haus oder die Wohnung beschützen soll. Manche hängen sie auch ins Auto – was aber noch lange nicht heißt, dass man deshalb besser Auto fährt!) anbringen? Was wird heute gebetet? Diese und viele, viele weitere Fragen werden unseren Rabbinern täglich gestellt. Und auch am Ende des Lebens wird er gebraucht: Er ist es, der die Familie beim Begräbnis begleitet.

Kein leichter Job, das kann man sich gut vorstellen. Der Rabbiner muss nämlich viel mehr als »nur« Rabbiner sein. Psychologisches Wissen, die Grundkenntnisse der Diplomatie und ein geschicktes Auftreten sind das Um und Auf dieser Tätigkeit.

Und was macht nun den Oberrabbiner so speziell?

Obwohl das Judentum keine zentrale Autorität kennt, hat sich in unserer orthodoxen Strömung die Tendenz entwickelt, den Oberrabbiner eines Landes oder einer Gemeinde als jeweils höchste Instanz anzuerkennen. Grund dafür waren meistens die Regierungen der jeweiligen Länder, die sich eine Ansprechperson aus der jüdischen Gemeinde gewünscht haben. Als Erbe der britischen Mandatszeit gibt es in Israel zum Beispiel heute ein Großrabbinat. Und bekannt ist ja, und es muss noch einmal hier wiederholt werden, dass zwei Juden drei Meinungen haben. Und somit wundert es auch nicht, dass Israel gleich zwei Oberrabbiner hat. Die Wahrheit ist natürlich eine ganz andere: Der eine ist das Oberhaupt der sephardischen Juden Israels, der andere jenes der aschkenasischen Gemeinschaft.

Wie feiern Juden Weihnachten?

»Wie feiert IHR Weihnachten?«, werde ich von einem nichtjüdischen Bekannten unlängst gefragt. In meinem Kopf schwirren in dieser Sekunde Sätze wie: »Jetzt kennst du mich doch schon so lange!« oder »Warum bitteschön soll ich Weihnachten feiern?« oder »Hallo, ich bin Jude! Schon vergessen?«

Es ist jahrein, jahraus immer ein Krampf. So sicher wie das Amen im Gebet oder der Vorweihnachtsstress in Bezug auf die zu besorgenden Geschenke (man fragt sich immer wieder, warum das so ein Stress ist – zumal es ja wirklich keine große Überraschung ist, dass Weihnachten auch dieses Jahr wieder am 24. Dezember stattfindet; aber man muss ja nicht alles verstehen …), also eben alle Jahre wieder dieselbe Verwunderung ob meines Nichtfeierns des Weihnachtsfestes. Und glauben Sie ja nicht, dass es immer verschiedene Personen sind, die mich ungläubig darauf ansprechen. Jeden

Dezember dieselbe Frage, jeden Dezember dieselben Antworten: »Nein, natürlich feiere ich nicht Weihnachten!« Und darauf die Frage: »Aber warum nicht? Es feiern doch alle Weihnachten!« oder »Aber was machst du dann am 24. Dezember am Abend?«. Was soll ich darauf bitteschön antworten? »Bruce Willis beim Retten der Welt zuschauen?« oder »Romy Schneider zusehen, wie sie zum gefühlten tausendsten Mal im Schloss Schönbrunn die Tiere sucht?«

»Und eure Familie isst auch am Abend nicht zusammen?« Nein, wir essen im besten Fall jede Woche Freitagabend zusammen! Wir brauchen den 24. Dezember wahrlich nicht dazu, um uns zu sehen.

Also ein für alle Mal: Ich feiere kein Weihnachten! Was machen Sie eigentlich zu Jom Kippur?

Der jüdische Kalender zählt die Jahre ab dem Zeitpunkt der biblischen Schöpfung der Welt, die Hillel II. nach den biblischen Chroniken auf das Jahr 3761 v. Chr. berechnete. Unser Kalender basiert sowohl auf Mondphasen – so werden die einzelnen Monate berechnet – als auch auf dem Sonnenzyklus – so werden die Jahre berechnet. Man spricht von einem Lunisolarjahr. Dieses hat normalerweise auch zwölf Monate. Der Monat beginnt mit Neumond und hat 29 oder 30 Tage. Ein regelmäßiges Jahr umfasst also 354 Tage. Eine Differenz somit von elf Tagen zum bekannten Sonnenjahr, welches genau 365,25 Tage hat. Kennen Sie sich aus? Es wird noch komplizierter! Diese Differenz muss ja irgendwie ausgeglichen werden. Und um einen Ausgleich zu dem um elf Tage längeren Sonnenjahr zu schaffen (im Unterschied zum Islam, dessen Feste aufgrund des reinen Mondkalenders manchmal in den Sommer und manchmal in den Winter fallen), wird in einem Zyklus von 19 Jahren sieben mal ein dreißigtägiger Schaltmonat hinzugefügt: nämlich im Jahr 3, 6, 11, 14, 17 und 19, zwischen den jüdischen Monaten Adar und Nissan. Man spricht von einem Adar Scheni oder Adar Bet: Das heißt, es gibt in diesen Jahren einen Adar A und einen Adar B.

Das jüdische Jahr beginnt im Herbst, in biblischer Zeit begann das Jahr im Frühjahr. Die Monatsnamen wie Adar, Nissan, Ijar sind chaldäisch und stammen aus dem babylonischen Exil. Der Monat Nissan ist der erste im Kalender, er gilt als der Neumond der Monate, weil er der Monat der Erlösung ist, in dem unsere jüdischen Vorfahren aus Ägypten auszogen. Wenn auch die Menschheit nach jüdischer Auffassung im Monat Tischrei erschaffen wurde, überwiegt doch die Bedeutung der Erlösung der Schöpfung, und aus diesem Grund wird der Nissan als erster Monat des Jahres betrachtet, von dem ausgehend von der Tora die übrigen Monate gezählt werden. Das heißt: Der Nissan ist der erste Monat des religiösen jüdischen Kalenders und zugleich der siebte Monat des bürgerlichen jüdischen Kalenders (der mit dem Monat Tischrei beginnt, der zugleich der siebte Monat nach dem religiösen jüdischen Kalender ist).

Spätestens jetzt werden Sie überlegen, ob Sie dieses Buch schließen wollen, nicht? Aber versuchen Sie es bitte noch ein bisschen weiter! Und machen Sie sich keine Sorgen: Die meisten Juden kennen sich damit auch nicht so gut aus. Sowie die meisten Christen im gregorianischen Kalender und in seinen Ursprüngen auch nicht ganz sattelfest sind, geschweige denn überhaupt wissen, wer Gregor war.

Und wer verwendet nun unseren Kalender überhaupt? Also erstens einmal orthodoxe Juden. Schließlich ist dieser für alle Feiertage, Gebete zum Monatsanfang, die Berechnung der Bar Mizwa (13. Geburtstag), das Jahrzeit-Kaddisch nach verstorbenen Verwandten und, und, und relevant. Und der jüdische Kalender findet auch in Israel ganz normale Anwendung. Nicht nur die religiösen jüdischen Festtage, sondern auch die säkularen orientieren sich am jüdischen und nicht am gregorianischen Kalender. Da auf internationaler Ebene sowie im Tourismus der gregorianische Kalender bestimmend ist, nutzen die Israelis im Alltag beide Kalender parallel zueinander. Somit hat der jüdische Kalender auch einen nichtreligiösen Charakter.

Die Fest-, Feier- und Gedenktage im jüdischen (israelischen) Kalender, die einem festen Termin folgen, sind:

Rosch Haschana am 1. bis 2. Tischrei
Jom Kippur am 10. Tischrei
Sukkot vom 15. bis 21. (22.) Tischrei
Simchat Tora am 22. bzw. 23. Tischrei
Chanukka vom 25. Kislew bis 2. Tevet
Tu biSchevat am 15. Schevat
Purim am 14. (und 15.) Adar

Pessach vom 15. bis 22. Nisan
Jom haSchoa am 28. Nisan
Jom haSikaron am 4. Ijjar
Jom haAtzmaut am 5. Ijjar
Jom Jeruschalajim am 28. Ijjar
Schawuot am 6. Siwan

Die jüdischen Fest-, Feier- und Gedenktage in Kurz-
form:

- Rosch Haschana ist das jüdische Neujahr. Eines
  unserer wichtigsten Feste. Keine Kracher und Rake-
  ten, dafür Gebete und Familienfest. Alkohol wird
  bei uns ohnehin an jedem Feiertag getrunken.
  Dafür haben wir ja sogar einen eigenen Segensspruch!
- Jom Kippur ist unser höchster und wichtigster Feiertag. Es ist der sogenannte Versöhnungstag. Da es
  ja im Judentum so etwas wie die Beichte nicht gibt,
  kann man sich immer entschuldigen und seine Sün-
  den immer bereuen und zum »richtigen Weg«
  zurückkehren. Praktischerweise haben wir aber
  dafür einen eigenen Tag vorgesehen, an dem man
  über 24 Stunden fastet. Hier muss erwähnt werden,
  dass Fasten im Judentum der vollkommene Verzicht
  auf Essen und Trinken bedeutet. Jom Kippur ist
  somit auch der Tag der Rückkehr, der Tag der Besin-
  nung, des Nachdenkens. Es wird gebetet. Man
  wünscht sich ein gutes nächstes Jahr. Man überlegt,
  was man falsch gemacht hat und was man besser
  machen kann.

- Sukkot ist unser Laubhüttenfest. Immer mehr Juden bauen sich in dieser Woche eine Laubhütte – sofern sie den Platz dafür haben –, um (alle) Mahlzeiten dort einzunehmen. Sehr orthodoxe Juden übernachten auch in diesem temporären Wohnsitz, der an die leicht auf- und abzubauenden Hütten beim Auszug der Israeliten aus Ägypten erinnern soll. In Mitteleuropa kann es da aufgrund der Jahreszeit manchmal ganz schön kalt sein. Daher werden wir erfinderisch, stellen Heizungen in die Hütte, decken die Laubhütte bei Regen ab, um es uns bei den Mahlzeiten so gemütlich wie möglich zu machen. Ob es damals in der Wüste auch so cosy war, bezweifle ich …

- Zu Simchat Tora beenden und beginnen wir den jährlichen Lesezyklus der Tora. Auch das muss gefeiert werden.

- Chanukka erinnert wieder an Zerstörung und Verfolgung. Der entweihte Tempel in Jerusalem wurde erneut eingeweiht. Man sieht, der alte Witz ist doch wahr – die jüdischen Feiertage lassen sich nämlich wie folgt zusammenfassen: Man wollte uns vernichten, wir haben aber gesiegt, lasst uns jetzt essen! Wie nämlich auch zu Purim: Große Mahlzeiten, und wir verkleiden uns wie beim Karneval. Und dabei gedenken wir der Rettung der persischen Juden vor der Vernichtung.

- Da der Auszug aus Ägypten so ein wichtiges Ereignis für das Judentum darstellt – schließlich ist eine Folge davon die finale Entstehung des jüdischen

Volkes mit dem Erhalt der Zehn Gebote und der Tora – haben wir auch ein eigenes Fest dafür: Pessach. Die genaue Erklärung dieses Feiertages würde Platz in einem eigenen Buch finden und soll an dieser Stelle kurzgehalten werden. Nachdem das Volk Israel so wenig Zeit hatte, um Brot zu backen, begnügte man sich mit einem Mazze-Brot. Dieser ungesäuerte, dünne Brotfladen wird in der Woche des Pessachfestes anstatt Brot gegessen. Überhaupt wird das ganze Haus von Brot gereinigt. Jede Ecke, jeder Winkel musst geputzt werden, bis sichergestellt sein kann, dass sich kein Brot mehr im Haus befindet. Der ersten Abend (außerhalb Israels auch der zweite Abend) ist der sogenannte Sederabend, an dem die ganze Familie zusammenkommt und im Rahmen eines Abendmahles aus der Haggada liest. Diese Handlungsanweisung der Abläufe des Sederabends beinhaltet auch Erzählungen aus dem Exil in Ägypten und dem Auszug in die Freiheit sowie rabbinische Diskussionen, Lehren und Auslegungen dieser Geschichte. Bei diesem Festmahl wird die auf Hebräisch und Aramäisch geschriebene Haggada gemeinsam gelesen und auch teilweise gesungen.

• Und Schawuot, das jüdische Wochenfest, das etwa sieben Wochen nach dem Pessachfest gefeiert wird, ist jener Feiertag, der dem Erhalt der Gebote am Berg Sinai gedenkt. Jenes Ereignis, das dem Hintergrund Pessachs folgt: Auszug aus Ägypten, die Wüstenwanderung, die Ereignisse am Berg Sinai.

Traditionell wird am Schawuot die ganze Nacht durch aus der Tora gelernt. Schawuot ist außerdem das Erntedankfest, da zu dieser Zeit in Israel Weizen geerntet wird.

Wofür ist eine Synagoge gut?

Die Synagoge (hebräisch Beit HaKnesset) ist Gebets-, Gottesdienst-, Lese- und Versammlungsraum der Gemeinde. Zumeist an jener Wand, die Richtung Jerusalem gerichtet ist, befindet sich der durch einen Vorhang abgeteilte Schrank mit den Tora-Rollen, über dem oft eine Lampe mit einem »ewigen Licht« zu finden ist. Die Tora-Rollen, handgeschrieben und aus Pergament, sind um zwei (Holz-)Stäbe gewickelt, auf deren Enden meist Kronen oder ein anderer Silberschmuck aufgesetzt sind. Zum Vorlesen (jeden Samstag, Dienstag und Donnerstag) beim Gottesdienst wird eine der Rollen auf die Bima, einen zentralen Tisch oder ein Podest im Raum, gelegt.

Beim täglichen Morgengebet tragen die Männer den Gebetsmantel (Tallit) mit den Schaufäden (Zizit). Dazu kommen, außer am Schabbat und zu Feiertagen, die Tefillin, die Gebetsschächtelchen, die Pergamentstücke mit Tora-Stellen enthalten. Sie werden mit Gebetsriemen am Kopf und am Arm befestigt.

Traditionell findet man in Synagogen Sitzplätze mit Namensschildern. Es hat sich zu einem schönen Brauch entwickelt, dass man einen »eigenen« Platz in der Synagoge hat, der einmal jährlich – gleich einem Opern-Abonnement – bezahlt wird. Im verschließbaren Kästchen kann man sich dann sein eigenes Gebetsbuch, die Tefillin und den Tallit aufbewahren. Besonders beliebt ist dieses Kästchen bei Kindern. Kaum eine Synagoge, wo nicht der eine oder andere Süßigkeiten darin aufbewahrt. Ja, sogar kleine Spielsachen finden sich darin. Auch eine Methode, die Kinder bereits in jungen Jahren an den Besuch der Synagoge zu gewöhnen.

Die Synagoge ist auch – wie oben beschrieben – ein Ort der Versammlung. Man könnte genauso sagen: ein Treffpunkt. Hier werden die Bar und Bat Mizwa gefeiert, hier kann die Trauung und die Beschneidung stattfinden. Auch Geburtstage oder andere Jahrestage werden immer wieder am Ende des Gottesdienstes mit einem festlichen Mal in angeschlossenen Räumlichkeiten begangen. Diese schönen Traditionen sind natürlich für den einen oder anderen manchmal der einzige Grund, eine Synagoge zu besuchen. Aber immerhin!

Was hat es
mit der Kippa auf sich?

Also wie erkennt man jetzt einen Juden? Manche ganz leicht: Sie haben eine Kippa auf dem Kopf. Kippa, das ist diese Kopfbedeckung, die bei uns von Männern getragen wird. Primär während der Ausübung der Religion. Diese Kippa kann die verschiedensten Formen haben und aus den unterschiedlichsten Materialien bestehen. Manchmal ist sie aus Stoff, sie kann gehäkelt sein und sogar aus Leder oder Samt produziert werden – der Fantasie sind dabei fast keine Grenzen gesetzt.

Wie auch immer: Im Grunde geht es einfach darum, dass der Kopf bedeckt ist. Egal wie es aussieht. Na ja, ganz so egal ist das Aussehen dann aber doch wieder nicht. Denn oft weist die Kippa auf die Zugehörigkeit zu dieser oder jenen Couleur im Judentum hin. Der modern-orthodoxe Israeli wird eine gehäkelte Stoffkippa tragen, die von einem streng-orthodoxen Juden

»sicher nicht« angezogen würde! Der bevorzugt die Samtkippa. Die schwarze Lederkippa liegt irgendwo dazwischen, wird meistens von amerikanischen modern-orthodoxen Juden verwendet. Dann gibt es auch noch die unterschiedlichen Größe: will man in einer nichtjüdischen Umgebung weniger auffallen, aber auch nicht auf die Kippa verzichten (vielleicht, weil es die Familie so wünscht), wird sie eher schrumpfen. Auch modische Strömungen machen vor diesem Outfit nicht Halt: diverse Markenlogos, Farben, Muster, Namen des aktuellen Präsidentschaftskandidaten der USA oder des Bar-Mizwa-Jungen – alles schon gesehen.

Ist die Kippa groß genug, hält sie meist von alleine. Wir Juden haben auch keine spezielle Vorrichtung am Kopf, um ein Herunterfallen der Kippa zu vermeiden. Ist sie jedoch kleiner, wird oft eine Haarspange benutzt, um sie zu befestigen.

In der Synagoge und ganz allgemein beim Beten wird die Kippa immer getragen. Sehr viele Juden tragen sie auch generell im Alltag.

Bekannt ist sicher auch der schwarze Hute oder sogar die Pelzmütze. Oft wird auch eine Kippa darunter getragen. Doppelt hält bekanntlich besser.

So viel zu den modischen Ausformungen der Kippa, aber was bedeutet sie eigentlich? Im Prinzip signalisiert die Kippa Gottesfurcht und Bescheidenheit. Natürlich ist sie auch ein Symbol. Vielen setzen sie zu gewissen Anlässen auf, auch wenn sie selten bis nie beten oder in die Synagoge gehen. Sie tragen sie als

Zeichen. Schaut her, ich bin Jude. Und ich bin stolz darauf, Jude zu sein.

Nun geht das Umfeld natürlich nicht überall gleich mit so einer »seltsamen« Kopfbedeckung um. Zum Beispiel in New York: Egal ob ich spazieren gehe, in der U-Bahn sitze, mir eine Ausstellung ansehe, auf der 5th Avenue shoppen gehe oder in einem Club bin – es interessiert keinen Menschen, ob ich eine Kippa auf dem Kopf habe! Überhaupt niemanden! Keiner schaut mich komisch an, keiner dreht sich auf der Straße um, keiner fragt (oder fragt eben nicht) danach. Schlicht und einfach: Nobody cares! Fairerweise muss man auch zugeben, dass Juden zum New Yorker Stadtbild gehören. Und in Amerika Juden nicht »nur« MITbürger, sondern stinknormale Bürger sind. Juden gehören zur amerikanischen Kultur wie Truthähne, die First Family und der 4. Juli. Der amerikanische Wortschatz kennt auch viele ins Englische übertragene jiddische Begriffe. So haben die Amerikaner etwa Begriffe wie Mazel Tov, Bar Mizwa und Chanukka längst in ihren allgemeinen Sprachwortschatz aufgenommen. Das kommt wahrscheinlich aus deren anderer Geschichte und der somit sehr entspannten Beziehung zwischen nichtjüdischen und jüdischen Amerikanern.

Bei uns ist das etwas anders. Ganz anders! Man weiß voneinander wenig bis gar nichts. Und das ist genau der Grund, warum ich dieses Buch geschrieben habe.

Aber wie ist das nun mit der Kippa bei uns?

Meine Erfahrungen sind folgende: Egal in welchem

Theater oder in welcher Oper – ob in Wien, Salzburg, am Semmering oder in Reichenau. Entweder es werden jüdische Literaten gespielt oder das Festival selbst wurde von Juden gegründet … Das ist gut und schön und ganz normal, kommt man aber als Besucher mit einer Kippa auf dem Kopf, so wird man seltsam angesehen oder beobachtet. Man steht – zumindest vor dem Stück und während der Pause – ungewollt im Rampenlicht. Kaum jemand, der nicht hinschaut, flüstert und »unauffällig« hindeutet oder auch gleichgültig »wegschaut«. Die Kippa ist ein Thema. Sie wird gesehen – auch wenn sie noch so unauffällig am Kopf sitzt. Ich war früher immer bemüht, eine möglichst einfärbige, unauffällige Kippa aufzusetzen. Doch es nützt alles nichts. Mittlerweile ist es mir egal, und ich ziehe auch bunte Kippot an. Was soll's? Es ist eben so.

Einer Wiener Galeristin fragte mich unlängst, warum ich meine Kippa nicht täglich anhabe. Denn das würde ich ja auch in Israel tun. Nun ja, sie hat Recht. Aber ehrlich gesagt: Warum das so ist, weiß ich nicht, diese Frage konnte ich ihr nicht beantworten.

Was war in Israel?

Avraham, Isaak, Jakob ... kennen wohl alle, sie müssen hier nicht erklärt werden. Was aber vielleicht nicht jeder weiß: Als Jakob 1750 v. Chr. geboren wird, wird sein Name zu »Israel« geändert. Seine zwei Frauen, Rachel und Lea, gebären insgesamt zwölf Söhne und eine Tochter. Es sind dies unsere sogenannten Stammväter, die zwölf Stämme des jüdischen Volkes. Durch einige Ereignisse – nachzulesen in den fünf Büchern Moses – gelangen die Stämme mit ihren Nachkommen nach Ägypten in die Sklaverei. Sie bauen für die Herrscher Tempel und Pyramiden und haben wahrlich kein gutes Leben. Bis ein Mann die Weltbühne betritt (eigentlich kommt er ganz undramatisch im Korb angeschwommen), der die Geschichte des jüdischen Volkes (damals noch Israeliten genannt) nachhaltig ändern wird: Moses. Er befreit sein Volk aus Ägypten (wer die Kurzfassung haben will: »Prince of Egypt«, eine Comic-Verfilmung, sehr zu empfehlen) und marschiert Richtung gelobtes Land Israel – also quasi zurück in die Heimat. Aber warum einfach, wenn es auch kompliziert geht: 40 Jahre Wanderschaft durch die Wüste, eine Meeresspaltung, eine Feuersäule, Manna (das Essen, das vom Himmel geschickt wird) und andere Ereignisse machen diesen Weg nicht gerade zum Spaziergang. Aber das wohl prägnanteste Ereignis findet am Fuße des Berg Sinai statt. Gott offenbart sich hier Moses und schenkt dem Volk die Zehn Gebote. Diese kann man auch gerne »nur« als das »Best of« sehen. Weiters erhält Moses die Tora mit allen Gesetzen, Geboten und Verboten sowie die Chronik seit der Entstehung der Welt und die mündliche Lehre.

Also: Die Tora, das jüdische Gesetz, ist somit die Grundlage des jüdischen Glaubens. Und in diesem Moment werden die Israeliten endgültig zu einer Nation, mit einer Geschichte, sozusagen einer Verfassung und einem Gesetz. Ein Volk und eine Religion (eine langfristig einzigartige Verquickung!).

Anders als bei anderen Nationen findet das nicht im eigenen Land statt, sondern in der Wüste, also im Niemandsland. Dieser wichtige Aspekt kann auch als Erklärung dienen, warum das jüdische Volk genauso außerhalb des Landes Israel, in der Diaspora, ein Volk sein kann.

Übrigens: Moses sieht das Land noch von der Wüste aus, stirbt aber kurz vor dem Einzug des jüdischen Volkes ins gelobte Land Israel.

Der Begriff »Jude« entwickelt sich erst später. König Salomon errichtet den Tempel in Jerusalem, welcher

598 v. Chr. von den Babyloniern zerstört wird. Die Einwohner Jerusalems werden ins berühmte babylonische Exil verschleppt. Erst jetzt entsteht der Name »Jude«: Die Überlebenden nämlich, die aus der Region Judäa stammen, werden so bezeichnet (davor nannten sich die Menschen Israelis oder Hebräer, was auf Hebräisch »Ivri« heißt und »einer, der von drüben kommt« bedeutet).

Warum wird das Exil hier als »berühmt« bezeichnet? In Babylonien entstehen nämlich langsam herausragende jüdische Lehrhäuser. Da es keinen Tempel mehr gab und man Gott deshalb nicht mit Opfergaben dienen konnte, war dies eine logische Konsequenz. Sozusagen als Alternative zur Assimilation. Hier wird auch der babylonische Talmud verfasst, jenes großes Werk, das noch heute als Gesetzesgrundlage dient und in den Talmud-Hochschulen gelehrt und gelernt wird. Er entsteht als wichtigste Anpassung der biblischen Gesetze an die veränderte (tempellose) Lage.

Die meisten Juden kehren später zurück, ein zweiter Tempel wird errichtet. Und das ist der Moment, in dem sich das Judentum pluralistisch entwickelt:

• Die Sadduzäer sind die Priester im Tempel.
• Die Pharisäer, eher Handwerker und Landwirte, sind vor allem die Schriftgelehrten, die die mündliche Lehre weiter perfektionieren, welche die Basis des späteren rabbinischen Judentums wird.
• Die Essener leben wie Asketen in den Höhlen am Toten Meer ihre eigene Lebensweise.
• Und eine weitere, kleine Sekte entsteht. Sie ist vor-

erst zwar wirklich klein, hat aber als Gründer einen großen Namen vorzuweisen: Jesus von Nazareth. Jesus ist kein Religionsstifter, eher ein Reformierer. Er entwickelt eigene Lehrgebäude, die sich auf die Tora beziehen und später von seinen Jüngern in den Evangelien festgehalten werden. Erst Paulus verhilft dieser kleinen jüdischen Sekte zum Status der Religion, die sich rasant zu einer Weltreligion entwickelt: das Christentum.

An dieser Stelle muss einfach folgender Witz zitiert werden:

Rabbi Rosenblum stirbt vor Kummer, weil sein Sohn zum Christentum übergetreten ist, um eine Katholikin zu heiraten. Im Himmel angekommen, wendet sich der Rabbi verzweifelt an Erzengel Gabriel mit der Bitte, einen Termin beim Chef zu vereinbaren. Nach Tagen der Intervention erhält der Rabbi endlich eine offizielle Audienz bei Gott.

Voller Ehrfurcht, aber noch immer von seiner Trauer gezeichnet, betritt er das Büro: »Was bedrückt dich so, mein Rabbi?«, fragt Gott.

»Mein Sohn, er ist zum Christentum übergetreten. Ich habe das nicht verkraftet. Darum bin ich heute hier.«

Gott antwortet: »Ach ja, mir brauchst du nichts zu erzählen. Ich habe doch dieselbe Geschichte erlebt. Auch mein Sohn hat unseren Weg verlassen.«

Daraufhin der Rabbi: »Und, was hast du damals gemacht?«

Darauf Gott: »Ich musste natürlich ein neues Testament schreiben!«

Inzwischen sind also die Römer im Land, der zweite Tempel wird 70 n. Chr. unter dem Feldherren und späteren Kaiser Titus zerstört (Lion Feuchtwangers Josephus-Trilogie kann an dieser Stelle wärmstens empfohlen werden). Dieser zieht mit seinen geplünderten Schätzen in Rom ein. Unter anderem mit dabei: die Menora, der siebenarmige Leuchter aus dem Tempel. Fast 2000 Jahre der Sehnsucht später trägt das junge Land Israel diese im Staatswappen und verknüpft damit deutlich das heutige mit dem alten Israel.

Was ist heute
so spannend an Israel?

Theodor Herzl ist der Begründer des politischen Zionismus, ohne den es heute wahrscheinlich keinen Staat Israel gäbe. Der in Budapest geborene Herzl promovierte 1884 in Wien, zu einer Zeit, als antisemitische Ausschreitungen an der Universität alltäglich waren. 1896 veröffentlichte Herzl das zionistische Manifest »Der Judenstaat, Versuch einer modernen Lösung der Judenfrage«, in dem er die Errichtung eines souveränen jüdischen Staates forderte, denn die Juden seien nicht nur eine Religionsgemeinschaft, sondern ein eigenes Volk. Auf dem von ihm organisierten ersten Zionistenkongress in Basel 1897 wurde diese Forderung zum Programm des Zionismus erhoben. In seinem Tagebuch vermerkte Herzl dazu: » In Basel habe ich den Judenstaat gegründet. Vielleicht in fünf Jahren, mit Sicherheit in fünfzig wird es jeder einsehen.« Den Erfolg zu erleben, war ihm nicht beschieden, da die Verhandlungen über die Gründung eines jüdischen Staates scheiterten. Sein Leichnam wurde nach der Gründung Israels auf den Herzl-Berg in Jerusalem überführt, wo bis heute jedes Jahr die Eröffnungszeremonien zum israelischen Nationalfeiertag stattfinden.

Israel ist heute multikulturell. Der Staat hat eine ethnische und religiös äußerst vielfältige Bevölkerung. Von den 7,6 Millionen Einwohnern sind 76 % Juden, 20 % Araber und 4 % andere Minderheiten. Die Israelis sind im Wesentlichen ein Einwanderungsvolk, doch ist die Mehrheit mittlerweile im Land geboren. Aufgrund der höheren Geburtenrate bei Juden orientalischer Herkunft ist Israel heute weitaus »orientalischer« geprägt. Auf der anderen Seite bilden die Einwanderer aus der ehemaligen Sowjetunion heute bereits über ein Fünftel der Bevölkerung.

Israel ist auch ein junges Land: Das Durchschnittsalter liegt bei 26 Jahren!

Die Unabhängigkeitserklärung 1948 betonte das Recht eines jeden Juden zur Einwanderung und rief zur Immigration auf. Shoah-Überlebende und jüdische Flüchtlinge aus den arabischen Staaten wanderten ein und verdoppelten die Bevölkerung innerhalb weniger Jahre.

Israel ist eine parlamentarische Demokratie nach westlichem Vorbild. Im Oktober 1948 bestimmte der zeitweilige Staatsrat die Farben Blau und Weiß mit dem Davidstern zur Flagge Israels. Sie entspricht der Flagge, die bereits beim Ersten Zionistischen Kongress in Basel 1897 gehisst wurde und vom Zionistenführer David Wolffsohn entworfen worden war. Das Staatsemblem zeigt die Menora, das uralte Symbol des jüdischen Volkes, umrankt von zwei Olivenzweigen, die die Friedenssehnsucht des jüdischen Volkes symbolisieren sollen.

Erste Amtssprache in Israel ist Hebräisch (Iwrit), zweite Amtssprache das Arabische. Beide Sprachen werden von rechts nach links gelesen. Hebräisch ist als westsemitische Sprache auch mit dem Assyrischen und Aramäischen verwandt. Aramäisch war die Verwaltungssprache im persischen Reich und vom 6. Jahrhundert v. Chr. bis zum 6. Jahrhundert n. Chr. Verkehrssprache im gesamten Nahen Osten. Es wurde bei den Juden zur Volkssprache und löste das Hebräische ab, das jedoch im Gottesdienst, von Gelehrten und in der Literatur weiterhin gepflegt wurde. Eine Blüte erlebte die Sprache vom 11. Jahrhundert bis 1492 im maurischen Spanien, seine Wiedergeburt setzte mit der Aufklärung im späteren 18. Jahrhundert in Deutschland ein, von wo aus es sich nach Italien, Polen und Russland verbreitete. Mit Beginn der zionistischen Bewegung im 19. Jahrhundert zeichnete sich die Tendenz ab, Hebräisch nicht auf den religiösen Bereich zu beschränken, sondern es zur Umgangssprache zu machen – was in Israel tatsächlich umgesetzt werden konnte. Eine kulturelle Höchstleistung, im 20. Jahrhundert eine kaum mehr gesprochene Sprache wieder zu beleben!

Worüber kann man
mit Juden diskutieren?

Das Wichtigste vorab: Sie können mit Juden natürlich über das Judesein beziehungsweise über das Judentum sprechen – manchmal will man es eben genauer wissen. Haben Sie schon bemerkt, dass besonders Journalistinnen und Journalisten ihre Leser immer wieder über die Religionszugehörigkeit der Personen, denen sie eine Story widmen, aufklären. Interessanterweise aber eigentlich nur, wenn es sich um Juden handelt! Da wird von der Person »aus jüdischer Familie« oder jener mit »jüdischen Wurzeln« geschrieben. Sehr beliebt sind auch die »jüdischen Vorfahren aus Österreich« oder die »guten Beziehungen zu Israel«. Die katholische oder protestantische Zugehörigkeit einer vermeintlich wichtigen Person wird nie erwähnt.

Auch die moslemische kommt nur in den seltensten Fällen zur Berichterstattung.

Warum ist das so? Warum ist es so wichtig zu wissen, dass der oder die Person auch Jude ist? Auf der Hand liegt es natürlich dann, wenn der Artikel ein religionsrelevantes Thema hat. Okay, das leuchtet mir ein. Aber wenn es zum Beispiel »nur« um eine junge Dame geht, die eine neue Fernsehshow moderiert: Warum werden uns gleich ihre »jüdischen Wurzeln« aufs Auge gedrückt? Who cares?

Ich habe unlängst einen Journalisten gefragt, der das Judentum einer Person in seinem Artikel explizit hervorgehoben hat. Und wissen Sie, was er mir ganz stolz geantwortet hat: »Ich habe schon den ganzen Tag auf diesen Anruf gewartet!« Aha, und warum haben Sie das nun geschrieben? »Meine Leser wollen das wissen!« Okay, jetzt verstehe ich alles!

Wie auch immer: Sie werden schnell merken, wenn jemand keine Lust darauf hat, über seine jüdischen Wurzeln oder Geschichte zu reden – Sie werden aber auch schnell merken, wenn es jemand besonders gerne tut! Hoffentlich haben Sie dann ausreichend Zeit! Wenn ein Jude einmal das Judentum erklären will, dann kann fast ein Buch daraus werden …

Fettnäpfchen oder nicht?

Wie oft habe ich schon in den seltsamsten Situationen mit den unterschiedlichsten Menschen über die Shoah gesprochen, diskutiert oder debattiert. Oder besser gesagt: sprechen, diskutieren und debattieren müssen. Es ist wahr, viele wollen darüber reden. Juden wie Nichtjuden. Viele haben auch schon (angeblich) zu viel darüber gehört, andere haben überhaupt keine Ahnung. Nicht jeder will immer und überall darüber sprechen. Das ist klar. Aber was mir aufgefallen ist: (Fast) jedes Thema lässt sich in Richtung Shoah lenken. Unwahrscheinlich, aber es ist so. Ich finde es ja okay, zu berichten und zu erklären. Ich finde es auch okay, über die Shoah – auch wenn ich keine Lust dazu habe – zu sprechen. Aber bitte beachten Sie: Es ist nicht immer passend. Sie machen einem Juden nicht immer Freude, wenn Sie eigentlich über israelische Politik sprechen wollen, aber Vergleiche zur Shoah ziehen.

Sie machen einem Juden auch keine Freude, wenn Sie über das Leid in diversen Ländern dieser Welt sprechen und die Shoah als »sehr gutes« Beispiel anführen. Mein Tipp: Wenn Sie sich nicht sicher sind, lassen Sie es einfach. Nur weil Sie nicht immer und überall darüber sprechen, heißt das nicht gleich, dass Sie sich nicht dafür interessieren. Das wissen wir schon. Und noch etwas: Die Shoah ist kein Thema der Juden. Es ist ein Thema von uns Menschen!

Anders sieht es mit dem Thema Humor aus: Manche behaupten, dass Humor etwas sehr Jüdisches ist. Sie können auch gerne jüdische Witze erzählen. Aber da sollte man vielleicht etwas vorsichtig sein. Manche hören sie gerne, andere wieder nicht. Manche können sie erzählen, viele aber leider nicht. Manche jüdischen Witze sind sehr lustig, manche weniger, wieder andere sind beleidigend. Wenn Sie sich nicht sicher sind, versuchen Sie es entweder, oder lassen Sie es bleiben. Das ist manchmal vielleicht besser so. Sprechen Sie dann lieber über Kultur, über Religion oder über Politik. Und wenn Sie unbedingt über die Politik des Staates Israel sprechen wollen, dann erinnern Sie sich, dass nicht jeder Jude Israeli ist. Und versuchen Sie das bitte auch nicht indirekt zu implizieren. Es stimmt nun mal nicht!

So wie eine junger Bekannter, der mich in einer Gruppe – es war gerade wieder irgendeine Militäraktion in Israel – fragte: »Also, Rafael, jetzt erklär mir: Was genau macht ihr dort?« Gleich vorab und ganz ehrlich: Ich wusste sofort, was er meinte, und ich hätte auch sofort beginnen können, diese oder jene Position einzunehmen und Israel zu verteidigen oder den Kopf über die israelische Regierung zu schütteln. Aber so leicht wollte ich es meinem Bekannten auch wieder nicht machen. So drehte ich mich um, blickte über meine Schulter zum Nachbartisch, dann wieder verwundert zu ihm und fragte: »Wer IHR? Ich? Oder die hinter mir? Oder wir hier alle? Was meinst du?« Das war natürlich sehr provokant, aber er stieg darauf ein und erklärte mir sofort das IHR. »Also ihr halt. Ihr. Du weißt schon, was ich meine. Ihr. Was macht ihr dort?« »Nein, ich weiß nicht, was du meinst«, entgegnete ich. Um es mir zu erklären und die vermeintliche Verwirrung aufzulösen, sagte er: »Na, in Israel! Ihr. Oder die Israelis.« Ach so! Ihr in Israel! Jetzt verstehe ich. Wir, die Israelis!«

Somit war das Thema beendet, er vielleicht peinlich berührt. Aber ich glaube eher, er hat es nicht ganz verstanden. Wie auch immer. Manchmal haben wir Juden halt keine Lust, immer und überall Nahostexperten zu spielen. Aber man soll nicht unverschämt sein. Viele wissen es ja wirklich nicht und wollen sich nur informieren. Und wenn man immer so reagiert, wie ich damals, dann wird man nicht mehr gefragt. Also bitte: Kommen Sie und fragen Sie!

Sind alle
Juden reich?

Ja, alle Juden sind reich. Das ist doch hinlänglich
bekannt!

Leider – auch wenn man es oft sagt, es wird dadurch
nicht richtiger. Aber Sie können sich gar nicht vorstellen, wie viele Menschen hier in Mitteleuropa das wirklich glauben. Ich bin schon vielen Personen begegnet,
die wirklich davon ausgehen, dass alle Juden reich
sind. Oder zumindest ein großer Teil von ihnen. Da ist
es egal, welchen Schulabschluss man hat, ob man
Akademiker ist oder Mechaniker: Von allen Seiten
wurde ich schon auf dieses »Gerücht« angesprochen.
Unlängst erst sagte mir ein Wirtschaftsakademiker –
er muss es ja besonders gut wissen – über dieses
Thema: »Aber ganz unrichtig ist es ja nicht. Bei dir bin
ich mir da auch nicht so sicher, ob du nicht eh reich
bist!« Ich kann darauf nur eines sagen: Schön wäre es!

Aber nein, es sind nicht alle Juden reich. Bestes – auch trauriges – Beispiel ist Israel, wo bekanntlich viele Juden leben. Demnach müsste Israel eigentlich das reichste Land der Welt sein. Nicht wahr? Ist es aber nicht. Und leider leben dort viele Menschen unter der Armutsgrenze.

Aber auch die amerikanischen Juden sind nicht alle reich. Ganz im Gegenteil. Die dort sehr gut integrierten Juden arbeiten in allen möglichen Bereichen. Wir »kennen« nur jene aus Hollywood oder aus der Wall Street. Aber wer einem Straßenkehrer mit Kippa oder einer jüdischen Reinigungskraft in einer großen Firma begegnet, wer mit einem Busfahrer mit Pajes und Bart von Brooklyn nach Manhattan fährt, der weiß spätestens dann Bescheid, dass wir Juden das Schicksal aller Menschen teilen: Das Leben ist ungerecht.

Arzt oder Anwalt?

Zum vermeintlichen Reichsein der Juden gehört auch das Thema »klassische« jüdische Berufe wie Rechtsanwalt oder Mediziner. Das schlägt sich sogar in dem einen oder anderen Witz nieder:

»Mama, Papa, ich muss euch drei Sachen sagen: Bitte seid aber nicht böse!«, sagt die jüdische Tochter ihren Eltern.

»Was ist los, mein Kind?«

»Ich bin schwanger!«

Die Mutter greift sich aufs Herz und ruft: »Um Gottes Willen! Du bist doch noch nicht einmal verheiratet! Wer ist der Mann?«

Daraufhin die Tochter: »Das ist das Zweite, was ich euch sagen wollte: Er ist ein Goi und wir wollen heiraten.«

»Meine Güte! Das darf doch nicht wahr sein! Willst du uns umbringen? Meine Tochter will einen Nichtjuden heiraten?«, brüllt die Mutter verzweifelt. »Und was ist die dritte schreckliche Nachricht? Was kann noch schlimmer sein?«

Antwortet die Tochter: »Er ist ein erfolgreicher Arzt aus einer sehr wohlhabenden Familie.« »Mazel Tov! Wann ist die Hochzeit?«, ruft die strahlende Mutter.

Sie ist sehr bekannt, die jüdische Mutter (mehr zur Jiddischen Mamme im nächten Kapitel). Sie will nur das Beste für ihre Kinder. Aber sind wir uns ehrlich: Wollen das nicht alle Mütter? Warum aber sollte der Auserwählte für die Tochter gerade Arzt oder Anwalt sein? Keine Ahnung! Vielleicht weil dies Berufe sind, die man überall hin »mitnehmen« kann? Sie erinnern sich – unser Trauma! Der Jude, der immer auf der Flucht ist. Oder Diamantenhändler: eh klar. Die kleinen Dinger kann man leicht einstecken und Abmarsch ins nächste Land. Oder als chices Diamantencollier getarnt über die Grenze ins Exilland »schmuggeln«. Wie hat schon Marie Antoinette gesagt: »Auch auf der Flucht gilt es stets, Haltung zu bewahren!« Ja, Mitnehmen ist immer besser als Hierlassen.

In Österreich ist es so: Was hiergelassen wird, kommt ins Museum oder wird sonst wie verscherbelt. Und im Nachhinein soll es nie jemand anderem gehört haben. Sie wissen: Gustav, Egon und Leopold. Aber zurzeit sind wir ja relativ stabil (kommt natürlich darauf an, wo: Im Iran will ich als Jude nicht leben) und sesshaft. So schnell wird man uns also nicht mehr los. Außerdem ist das Diamantengeschäft im Moment nicht so attraktiv und von Antwerpen nach Indien geflüchtet. Also nicht mehr der Jude ist auf der Flucht, sondern das Business! Was soll also dann aus den lieben Kindern werden? Ärzte werden immer und überall gebraucht. Verständlich. Und Anwälte genauso. Das wissen wir Juden ja bekanntlich allzu gut. Aber die Wahrheit ist eine andere. Meine ehemaligen Schulkollegen und Freunde – ich war wie erwähnt in einer jüdischen Schule – haben alle erdenklichen Berufe ergriffen. Und sogar die Doktoren haben sich nicht so leicht getan, als sie mal Österreich verlassen wollten. Nicht jedes Studium ist heutzutage überall gleich viel wert. Und nicht jede Universität überall anerkannt.

Mich trieb es nach einigen Umwegen in die Kommunikationswissenschaft. Meine Großmutter kann bis heute mit diesem Studium nichts anfangen. Ich glaube, sie wusste nicht einmal, dass man das studieren kann. Wer auf die Uni geht, wird entweder Arzt oder Anwalt, so ihre Theorie.

Aber so ist es eben nicht. Es ist auch nicht richtig, dass so viele Juden in der Finanzwelt sind. »Aber man hört so viel von Juden aus der Finanzwelt in Amerika!« Mag sein. Wir können aber nichts dafür, wenn wir eben so erfolgreich sind. Juden sind auch in der Politik engagiert.

In Amerika findet man zum Beispiel Juden in beiden Großparteien. Auch in Deutschland.

Und wie sieht es mit jüdischen Wissenschaftlern aus? Nicht unbedingt ein als große Geldquelle bekannter Beruf. Ja, auch dort sind Juden ziemlich aktiv. Wir müssen uns nur die Liste der Nobelpreisträger des letzten Jahrhunderts ansehen. Da kommen beachtlich viele Juden vor. Warum ich weiß, dass die Juden sind? Okay, erstens von ihren Namen. Ich gebe es zu. Und zweitens: Die Medien haben es uns verraten (sic!). Was aber hier an dieser Stelle auch erwähnt werden muss: Viele der älteren Semester amerikanischer Nobelpreisträger stammen aus Europa. Aus Deutschland und aus Österreich. Ja, ja, wie undankbar die Geschichte nur ist! Aber wen interessiert schon ein Nobelpreisträger, wenn wir eh Schifahrer haben ...

Eine Hommage
an die Jiddische Mamme

Die jüdische Mutter ist zwar nicht anders als andere Mütter, aber doch ganz anders. Sie will sich immer kümmern. Sie will immer helfen. Ihren Kindern soll es am besten gehen. Besser, als es ihr je selbst ergangen ist. Ihre Kinder sollen sorgenfrei sein. Sie sollen das Wort Sorge gar nicht kennen. Und dafür tut die jüdische Mamme alles. Sie hat immer ein schlechtes Gewissen, nicht perfekt zu sein. Sie stellt sich schützend vor ihre Kinder, sie stärkt ihren Kindern von hinten den Rücken. Und am besten beides gleichzeitig. Ja, sie zerreisst sich. Immer. Sie zerreißt sich das ganze Leben lang. Sie versucht, ihre Liebe an all ihre Kinder in gleicher Menge aufzuteilen. Fühlt sich ein Kind vernachlässigt, verstärkt sie bei diesem ihre Liebe – und gleichzeitig natürlich auch bei den anderen. Denn keines darf sich von ihr vernachlässigt fühlen. Das würde sie krank machen. Und krank ist sie bekanntlich nie.

Alles, was sie macht, passiert still im Hintergrund. Man merkt es gar nicht. Wann findet sie überhaupt Zeit, das tolle Schabbat-Mahl zu kochen? Wann kauft sie ein? Wann organisiert sie den Haushalt? Wann passieren all diese Dinge? Wann schläft sie überhaupt?

Und sie kümmert sich auch wirklich um jeden und alles. Um die Erziehung ihrer Kinder und um deren Bildung, um die schöne Kindheit und um das schwierige Erwachsenwerden. Wenn ihre Kinder krank sind, wird alles andere zweitrangig. Sie hütet das Krankenbett bis zur vollständigen Genesung. Und die tritt erst dann ein, wenn sie es für richtig hält. Kein Arzt dieser Welt kann ihr da dreinreden. Sie weiß immer, was zu tun ist. Sie weiß, welche Medikamente die besseren sind und was überhaupt noch besser als Medikamente ist: Ihre Liebe und ihre Suppe. Sie weiß auch, was die Kinder lernen müssen. Besser als jeder Lehrer. Und wehe dem, der meint, ihre Kinder hätten nicht genug gelernt! Ihre Kinder sind prinzipiell die gescheitesten und können alles (auch wenn sie sich dann nächtelang mit ihren Kindern vor die Schulbücher setzen muss!).

Und wenn die Kinder einmal erwachsen sind – sie bleiben immer »die Kinder«. Und wenn die Kinder einmal aus dem Haus sind, und die jüdische Mamme »loslassen« muss (sie wird trotzdem nie loslassen), dann weiß sie noch immer alles über ihre Kinder und erzählt bei jeder Gelegenheit über sie. Wie groß die Kinder doch geworden sind, was sie alles erreicht haben, wie stolz man auf sie ist, wie erfolgreich sie sind, was für tolle Jobs sie haben, wo sie überall hinreisen.

Im besten Fall ist es auch sie, die die Partner der Kinder aussucht. Oder zumindest wird sie zustimmen müssen. Sie kann aber, trotz der ewig kritischen Haltung gegenüber der Partner ihrer Kinder, auch die beste Schwiegermutter der Welt werden.

Und so wie ihre Kinder, liebt die jüdische Mamme auch ihre Enkelkinder. Und der Kreis beginnt sich zu schließen …

Mädchen oder Bub?

Die Geburt eines Kindes ist immer eine sehr große Freude. Man kann es sich kaum vorstellen, aber sogar bei streng-orthodoxen Familien, in welchen zwölf, ja sogar 14 Kinder durchaus üblich sind, wird die Geburt eines jeden einzelnen Kindes zum Fest. Oft sagen die Eltern in den Monaten der Schwangerschaft nicht, welches Geschlecht das Kind haben wird, oder sie wollen es selbst nicht wissen. Das ist einfach so, hat keine halachischen Hintergründe, ist vielleicht eher etwas Kabbalistisches. Somit steht auch meistens bis zum Geburtstermin der Name des Kindes noch nicht fest. Im aschkenasischen Judentum ist es üblich, die Kinder nach verstorbenen Verwandten zu benennen, zumindest soll ein Teil des Namens an die tote Verwandtschaft erinnern, also ein zweiter oder gar dritter Name. Bei sephardischen Juden wird auch der Name von noch lebenden Großeltern weitergegeben.

Namen haben im Übrigen immer eine Bedeutung im Judentum und werden sehr bedacht vergeben. Der Name ist eben ein Teil der Persönlichkeit.

Mädchen erhalten ihren Namen bei der nächstfolgenden Gelegenheit, die bei den Orthodoxen das Lesen aus der Tora in der Synagoge wäre. Dort wird dann in traditioneller Weise der Name verkündet. Es muss aber nicht so sein.

Bei Buben ist der Tag der Namensgebung jedenfalls fix: Es ist der achte Tag nach seiner Geburt (inklusive des Geburtstages). Sofern das Kind wohlauf und gesund ist und die Ärzte keine Bedenken haben, wird der Junge an diesem Tag beschnitten. Es ist der Bund, den Gott mit Avraham eingegangen ist und der von Generation zu Generation weitergegeben wird.

Diese Beschneidung macht nicht irgendjemand. Es sollte ein orthodoxer Mann sein, der alle Gesetze der Beschneidung kennt und ein Profi ist. Das erste Kind, das er in seinem Leben beschneidet, ist sein eigenes.

Die Gesetze der Beschneidung, der Ablauf, das Messer und alles rundherum sind so genau beschrieben, dass nichts schiefgehen kann. Der durchgeplante Ablauf gibt mehreren Personen die Ehre, daran teilzunehmen. Einer, der das Kind der Mutter abnimmt und dem Vater übergibt. Einer, der es vom Vater entgegennimmt, und ein weiterer, der am Sessel sitzt, das Kind auf den Schoß gelegt bekommt und es während der Sekunde der Beschneidung fest in seinen Armen hält. Diese Aufgabe ist die ehrenvollste und wichtigste und wird meist dem wichtigsten Gast (vielleicht dem Urgroßvater) überlassen.

Sekunden später ist es vorbei, der Vater verkündet im Rahmen eines Segensspruchs den Namen, alle weinen vor Freude, und los geht's! Ganz richtig – es wird gegessen!

Es gibt keinen vorgeschriebenen Speiseplan bei dieser Feierlichkeit, aber sehr trefflich fand Nanny Fine in der amerikanischen TV-Serie »Die Nanny« es etwas unpassend, Würstchen im Teig zu servieren!

Die Quintessenz:
Der ganz normale Umgang
mit uns

Mein vorrangigster Tipp im Umgang mit uns Juden: Fragen Sie! Trauen Sie sich! Ich persönlich stelle mich gerne diesen Fragen, weil ich dadurch auch ein wenig die aktuelle Lage, den Stand der Dinge in der Beziehung Juden–Nichtjuden beobachten kann. Wie viel weiß man schon? Wie sieht es zurzeit aus? Gibt es schon so etwas wie Normalität in unserer Beziehung? Und wie sollte diese Normalität überhaupt aussehen?

In Österreich sieht diese Normalität natürlich anders aus als in Deutschland und dort wiederum anders als in den USA. Juden wurden in Amerika von Anfang an in die Gesellschaft eingegliedert. Hier in Europa war die Geschichte eine ganz andere. Juden haben immer eine Normalität gesucht. Sie sahen sich im 18. und 19. Jahrhundert durch einen Nationalismus ausgegrenzt und reagierten darauf. Zunächst mit Assimilation: kulturelle Anpassung und die Abkehr von der eigenen Tradition. Nicht gelungen. Danach forderten sie einen eigenen jüdischen Nationalstaat. Es entstand die zionistische Bewegung und in ihrer Folge wurde der Staat Israel gegründet. Und schließlich versuchten die Juden in der Diaspora ihr Nationalbewusstsein zu stärken. Sie haben also wirklich viel versucht. Es hat aber anscheinend doch nicht so viel gebracht. Ist ein Jude öffentlich erfolgreich, so ist es der Jude XY, der erfolgreich ist. Benimmt sich ein Jude öffentlich daneben, so ist es der Jude XY, der sich daneben benommen hat.

Ich werde oft gefragt: »Wie fühlst du dich mehr: als jüdischer Österreicher oder als österreichischer Jude?« Ganz ehrlich, ich stelle mir diese Frage nicht. Warum auch? Es stellen immer nur andere diese Frage. Ich bin Jude. Ich bin Österreicher. Die Reihenfolge ist irrelevant. Das ist nun mal so. Machen wir das Beste daraus.

In einem Essay, erschienen 2003 in »DIE ZEIT«, Ausgabe 24, schreibt Salomon Korn: »Wie also sähe ein deutsch-jüdisches Zusammenleben wünschenswerterweise aus? Träumen wir ein wenig. Juden und Nichtjuden würden die zwischen ihnen vorhandenen Unterschiede gegenseitig anerkennen und sich vorrangig als Individuen, nicht aber als Vertreter von Kollektiven begegnen. Das Wort Jude würde ohne Beklommenheit ausgesprochen, und es würde ihm nichts Herabsetzendes mehr anhaften. Daher wäre es auch gleichgültig, ob eine bestimmte Aussage von einem Juden oder

Nichtjuden getroffen wird. Es käme ihr in beiden Fällen dieselbe Glaubwürdigkeit, dasselbe Gewicht oder auch dieselbe Kritik zu. In einer solchen deutsch-jüdischen Normalität wären Juden keine Mitbürger, sondern schlicht Bürger. Es würde keines Nützlichkeitsnachweises mehr bedürfen, um vertriebene, exilierte oder ermordete jüdische Künstler und Wissenschaftler zu ehren. Das heißt: Sie würden von den Deutschen um ihrer selbst willen betrauert und nicht wegen des Verlustes, den ihre Vertreibung oder Vernichtung für die deutsche Kultur darstellt. Wäre dies so, würden deutsch-jüdische Gedenkveranstaltungen auch nicht mehr als bloße Pflichtübung empfunden werden. Denn die Mehrheit der Deutschen würde die Verfolgung der deutschen Juden jetzt als das verstehen, was sie wirklich war: eine Amputation am eigenen Volk.« Und weiter schreibt er: »Wäre das Verhältnis von Juden und Nichtjuden in Deutschland normal, würden Juden weder als Individuen noch als Kollektiv für die Politik Israels, des World Jewish Congress oder anderer jüdischer Organisationen haftbar gemacht. Es wäre dann allgemein bekannt, dass Juden, urkundlich belegt, seit über 1700 Jahren in Deutschland leben und somit länger in diesem Land ansässig sind als viele der deutschen Stämme, die erst im Zuge der Ende des dritten Jahrhunderts einsetzenden Völkerwanderung hierher kamen. Es bedürfte dann keiner institutionalisierten christlich-jüdischen Dialoge mehr, Juden wie Nichtjuden würde die Würde des Unterschieds gleichermaßen achten.«

Darf man Juden Ezzes geben?

Spätestens jetzt sollte diese Frage eigentlich beantwortet sein. Oder eben auch nicht. Im Grunde genommen ist es ganz einfach: Man darf und soll jedem Menschen Ezzes geben. Manche können das besser vertragen, andere eher nicht. Bei denen sollte man es sich vorher gut überlegen, ob Ezzes angebracht sind. Und natürlich müssen Ezzes nicht immer und überall gegeben werden. Der Moment muss passen, die Situation dafür geeignet sein. Die Stimmung entsprechend sein. Das Wort »Ezze« kommt aus dem Jiddischen und bedeutet »guter Ratschlag«. Wobei »gut« natürlich ein sehr dehnbarer Begriff ist.

»Deine Ezzes habe ich jetzt gebraucht!« ist daher unter Juden ein nicht selten gebrauchter Spruch, sozusagen als Gegenargument ohne Argument. Wobei hier die Betonung doch schon wieder eine Aussage sein kann: Liegt diese nämlich auf »deine«, dann ist alles klar: »Du brauchst mir gar nichts zu sagen!« oder »Was weißt du schon?« – also Schlag zurück und Diskussion beendet. Liegt aber die Betonung mehr auf »jetzt«, ist die Situation wieder eine andere: »Im Grunde hast du Recht!« soll angedeutet werden. Aber dies ist eben nicht der richtige Zeitpunkt, gute Ratschläge zu geben. Ah ja, und der Ton macht ja bekanntlich die Musik! Und das ist ein sehr wahrer Spruch!

Da wurde ich von einem Bekannten im Urlaub gefragt, warum man Palästinenser so diskriminiert. Im Unterton erkannte ich schon, dass diese Frage eher eine Ezze sein sollte, wie Israel mit den Palästinensern umgegangen hat, als ein nettes Gespräch. Ebenso hörte ich heraus, dass mit dem »man« eigentlich »ihr« gemeint war. Also »ihr«, die Israelis. Ich ersparte mir natürlich die Frage, warum er mich fragt – hoffentlich kauft er mein Buch –, und antwortete mit einer (angeblich typisch jüdischen) Gegenfrage, durch die ich mich über seine Vorkenntnisse zum Nahostkonflikt informieren wollte. Und tatsächlich, sie waren so gut wie nicht vorhanden.

Natürlich geben auch Juden anderen Juden gerne Ezzes. Wegen diesen vermeintlich guten Ratschlägen sind aber schon Freundschaften auseinandergegangen, wurden Sitzplätze in der Synagoge getauscht oder gar das Kaffeehaus gewechselt.

Meine Ezzes an die Leser dieses Buches? Gehen Sie entspannt mit dem Judentum um. Sehen Sie zuerst einmal den Menschen, wenn Sie einen Juden begegnen. Versuchen Sie, alle Vorurteile aus Ihrem Kopf zu löschen. Probieren Sie gar nicht, alles zu verstehen. Und zu guter Letzt: Judentum ist nicht schwarz oder weiß. Es ist schön bunt!

Und meine Ezzes zu Ezzes? Jeder kann Ezzes geben – sehr gerne. Idealerweise dann, wenn man es besser weiß. Zumindest aber sollte man glauben, es besser zu wissen …

Exkurs:
Die jüdische Gemeinde
in Wien

Wir Juden leben schon sehr lange in Wien. Sehr, sehr lange! Die Existenz von Juden in Wien ist seit 1194 nachweisbar. Der erste namentlich bekannte Jude war Schlomo. Er war Münzmeister der Herzöge Leopold V. und Friedrich I. und nebenbei noch im Besitz von einigen Grundstücken in der heutigen Seitenstettengasse. »So, so«, werden sich jetzt einige denken, »es war also schon damals so.« Ja, richtig: ein Finanzmensch, der zusätzlich auch noch Immobilien besaß. Ob Schlomo auch noch das Klischee erfüllte, dass alle Juden reich sind, ist aber leider dennoch nicht bewiesen. Oder zumindest weiß ich es nicht.

Jedenfalls gibt es in Österreich schon sehr lange Juden. Und fast genauso lange waren sie auch nicht erwünscht. Leider. Zuerst wurde Schlomo ermordet, und später wurde die ganze mittelalterliche jüdische

Gemeinde hingerichtet und vertrieben. Und dann waren alle weg. Sie kamen aber wieder. Und wurden wieder vertrieben. Und kamen wieder.

Einige Kaiser mochten die Juden, andere wieder nicht. Maria Theresia etwa war den Juden auch nicht ganz wohlgesinnt. Aber unter ihrem Sohn Joseph II. wurde der Weg zur Emanzipation der Juden frei. Ab damals ging es bergauf. Die Juden waren tüchtig und bauten schöne jüdische Gemeinden auf – bis ein anderer Österreicher meinte, alle Juden vernichten zu müssen. Die weitere Geschichte ist hoffentlich bekannt. 1938 lebten, nachdem schon viele emigriert waren, über 200.000 Juden in Österreich. Nach dem Krieg waren es zwischen 2000 und 5000. Heute leben rund 15.000 Juden in Österreich.

Um als Jude zu leben – egal, wo – braucht man eigentlich nicht viel. Institutionen wie eine Synagoge oder eine Gemeinde sind nicht unbedingt notwendig. Ja, sie vereinfachen vielleicht den religiösen Alltag, sind für eine Minderheit in der Mehrheitsgesellschaft wichtig und sozialpolitisch relevant, aber um ein Jude zu sein, ist das alles nicht notwendig. Wer orthodox ist, braucht aber zumindest koscheres Essen. Und dieses Angebot gibt es wohl nur dann, wenn die entsprechende Nachfrage besteht: Also eine Stadt mit ausreichend vielen – orthodoxen – Juden wird mindestens eine Synagoge haben und im besten Fall einen koscheren Supermarkt. Das alleine reicht aber nicht: Für jüdische Bildung etwa ist ein Schulsystem notwendig, für die rituelle Reinigung ein Tauchbad (Mikwe), zum

Heiraten ein Rabbiner, für die Toten ein jüdischer Friedhof. Das ist natürlich sehr verkürzt und vereinfacht aufgezählt, aber im Wesentlichen sind es genau diese Punkte, die für den jüdischen Alltag wichtig sind.

Damit all diese Institutionen entstehen und bestehen können, ist eine gewisse Struktur dahinter natürlich nicht ganz unpraktisch, und diese tritt sehr oft in Form einer (oder mehrerer) »Gemeinde(n)« auf. In den wenigsten Fällen gibt es in Städten mit vielen (»viel« ist hier natürlich nur relativ gemeint) Juden nur eine Gemeinde. Oft sind es mehrere Gemeinden, oder die einzelnen Synagogen verwalten Institutionen wie Schulen, Kaschrut-Organisationen, Jugendgruppen, Altersheime und vieles mehr.

Wien ist eine der letzten Großstädte mit einer Einheitsgemeinde. Sprich: Jeder Jude – egal ob orthodox, liberal oder säkular, egal ob in einer Synagoge oder in einem Sportverein organisiert, egal ob als Gruppe oder Einzelperson – kann Mitglied der jüdischen Gemeinde (»Israelitische Kultusgemeinde Wien«, kurz: IKG) werden. Muss er aber nicht, man ist selbstverständlich auch Jude, wenn man nicht Mitglied dieser Gemeinde ist. Vergleichen wir das mit einem Dorf: Meistens gibt es eine Dorfgemeinschaft mit einer (gewählten) Führung, die sich mehr oder weniger um die Anliegen der Dorfbevölkerung kümmert. Selbst wer nie zu Dorffesten geht oder am Gemeinschaftsleben teilnimmt, darf in diesem Dorf bleiben und gehört trotzdem dazu.

Unsere Gemeinde in Wien ist mit rund 7000 Mitgliedern zwar nicht besonders groß, aber in Wahrheit doch »sehr groß«. »Größer« sogar als einige Gemeinden in Europa, wo mehr Juden leben. Die IKG in Wien hat sich nach ihrer fast vollkommenen Auslöschung während der Shoah mittlerweile erholt, ist besonders aktiv und wird von (demokratisch gewählten, ehrenamtlichen) Gemeindevorstehern geführt, die ihre »Koffer ausgepackt« haben und mit und für die jüdische Gemeinschaft leben. – Bekanntlich fährt der Zug nur so gut wie seine Lokomotive.

Heute blüht diese Gemeinde mit ihren Schulen, Synagogen, Rabbinern, unzähligen Veranstaltungen, koscheren Supermärkten, Restaurants, Jugendorganisationen, Sportvereinen, Altersheimen (wir sagen gerne Elternheim dazu), Sozialzentren, Zeitungen, Kulturvereinen, und so weiter, und so weiter. Ja, das sind keine Tippfehler: alles im Plural! Und das bei so wenigen Mitgliedern? Genau. So wie das Judentum ist auch unsere Gemeinde heterogen, und es wird täglich versucht, sämtlichen Mitgliedern zu entsprechen. Eine zugegebenermaßen nicht einfache Aufgabe bei doch so wenig Juden in Wien (vor der Shoah lebten hier über 200.000!) …

Und zum Abschluss verrate ich Ihnen noch meinen Lieblings-Jüdischen-Witz

Im Flug New York–London begegnen sich das erste Mal der jüdische Kapitän und sein junger chinesisch-stämmiger Copilot. Mürrisch, ohne seinen Kollegen auch nur eines Blickes zu würdigen, startet der Kapitän die Maschine, kontrolliert alle Daten selbst und hebt die Maschine ab. Nach erreichter Flughöhe und für den Copiloten gefühlten mehreren Stunden des Schweigens versucht dieser, ins Gespräch zu kommen. »Ich heiße Chang«, wendet er sich dem jüdischen Kapitän zu. Keine Reaktion. »Warum sprechen Sie nicht mit mir?«, versucht er es noch einmal.

Plötzlich wendet sich der Kapitän endlich seinem Copiloten erbost zu: »Ihr habt damals Pearl Harbor angegriffen!« »Aber das waren doch die Japaner«, versucht der Copilot zu erklären. »Chinesen, Japaner, Koreaner – ist doch alles dasselbe!«, antwortet der Kapitän.

Nach einer weiteren halben Stunde Stille meldet sich diesmal der Copilot zu Wort: »Ihr Juden habt die Titanic versenkt!« Der erstaunte Kapitän beginnt heftig zu gestikulieren und versucht zu erklären: »Das stimmt doch gar nicht. Das ist eine Lüge. Das war im Meer. Das war ein Eisberg!«

Darauf grinsend der Chinese: »Eisberg, Rosenberg, Grinberg – ist doch alles dasselbe!«

Literaturtipps

Die Tante Jolesch: oder Der Untergang des Abendlandes in Anekdoten von Friedrich Torberg

Die Erben der Tante Jolesch von Friedrich Torberg

Die Stadt ohne Juden: Ein Roman von übermorgen von Hugo Bettauer

Ich darf das, ich bin Jude von Oliver Polak und Jens Oliver Haas

Die Wartesaal-Trilogie: Erfolg / Die Geschwister Oppermann / Exil von Lion Feuchtwanger

Das Judentum, Teil 1–3 von Univ. Prof. Dr. Jakob Allerhand

The Great Chefs of America Cook Kosher von Ruth Madoff

Österreichische Geschichte. Geschichte der Juden in Österreich von Eveline Brugger, Martha Keil, Albert Lichtblau und Christoph Lind

Moische, wohin fährst du? von Christof Habres

Jewish Cooking Boot Camp: The Modern Girl's Guide to Cooking Like a Jewish Grandmother by Andrea Marks Carneiro and Roz Marks

Professor Bernhardi von Arthur Schnitzler

Die Zehn Gebote

Der Metroverlag empfiehlt:

Christof Habres
Jüdisches Wien
192 Seiten
11,5 x 18,5 cm
Gebunden mit
Lesebändchen
€ 19,90

Katja Sindemann
Mazzesinselkochbuch
160 Seiten
16,5 x 21 cm
durchg. vierfarbig
Gebunden mit Lesebändchen
€ 25,–

Der Metroverlag empfiehlt:

**Christof Habres
Moische, wohin
fährst du?
Wien und der
Jüdische Witz**
96 Seiten
11,5 x 18,5 cm
Gebunden mit
Schutzumschlag
und Lesebändchen
€ 14,90

**Hugo Bettauer
Die Stadt ohne Juden**
160 Seiten
11,5 x 19,5 cm
Gebunden
€ 14,90

**Ludwig Bato
Die Juden
im alten Wien**
256 Seiten
13,5 x 21 cm
Leinengebunden mit
Lesebändchen
€ 19,90

www.metroverlag.at

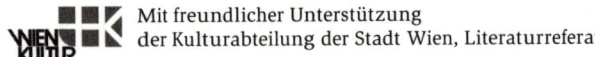

Mit freundlicher Unterstützung
der Kulturabteilung der Stadt Wien, Literaturreferat

© 2011 Metroverlag
Verlagsbüro W. GmbH
info@metroverlag.at
Alle Rechte vorbehalten
Gesamtherstellung: Theiss Druck, St. Stefan i. L.
Printed in the EU
ISBN 978-3-99300-052-3

Der Metroverlag empfiehlt:

**Christof Habres
Moische, wohin
fährst du?
Wien und der
Jüdische Witz**
96 Seiten
11,5 x 18,5 cm
Gebunden mit
Schutzumschlag
und Lesebändchen
€ 14,90

**Hugo Bettauer
Die Stadt ohne Juden**
160 Seiten
11,5 x 19,5 cm
Gebunden
€ 14,90

**Ludwig Bato
Die Juden
im alten Wien**
256 Seiten
13,5 x 21 cm
Leinengebunden mit
Lesebändchen
€ 19,90

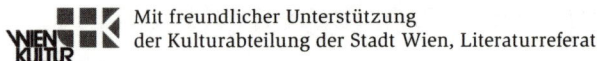

Mit freundlicher Unterstützung
der Kulturabteilung der Stadt Wien, Literaturreferat

© 2011 Metroverlag
Verlagsbüro W. GmbH
info@metroverlag.at
Alle Rechte vorbehalten
Gesamtherstellung: Theiss Druck, St. Stefan i. L.
Printed in the EU
ISBN 978-3-99300-052-3